# 现代羽毛球运动教学理论与训练方略研究

吴谋林 著

吉林大学出版社

·长春·

图书在版编目（ＣＩＰ）数据

现代羽毛球运动教学理论与训练方略研究 / 吴谋林著. -- 长春：吉林大学出版社，2023.10
ISBN 978-7-5768-2339-4

Ⅰ．①现… Ⅱ．①吴… Ⅲ．①羽毛球运动－运动训练－教学研究 Ⅳ．① G847.2

中国国家版本馆 CIP 数据核字（2023）第 202810 号

| 书　　名 | 现代羽毛球运动教学理论与训练方略研究 |
|---|---|
| | XIANDAI YUMAOQIU YUNDONG JIAOXUE LILUN YU XUNLIAN FANGLÜE YANJIU |
| 作　　者 | 吴谋林 |
| 策划编辑 | 杨占星 |
| 责任编辑 | 陈曦 |
| 责任校对 | 张文涛 |
| 装帧设计 | 皓月 |
| 出版发行 | 吉林大学出版社 |
| 社　　址 | 长春市人民大街 4059 号 |
| 邮政编码 | 130021 |
| 发行电话 | 0431-89580028/29/21 |
| 网　　址 | http://www.jlup.com.cn |
| 电子邮箱 | jldxcbs@sina.com |
| 印　　刷 | 廊坊市海涛印刷有限公司 |
| 开　　本 | 787mm×1092mm　1/16 |
| 印　　张 | 12.25 |
| 字　　数 | 220 千字 |
| 版　　次 | 2023 年 10 月　第 1 版 |
| 印　　次 | 2024 年 1 月　第 1 次 |
| 书　　号 | ISBN 978-7-5768-2339-4 |
| 定　　价 | 58.00 元 |

版权所有　翻印必究

# 前言
PREFACE

随着人们健康意识的增强，现代体育运动特别是羽毛球运动逐渐受到关注，这也促使其教学理论与训练方略不断发展和完善。现代羽毛球运动教学理论倡导针对不同群体、不同水平的人们量身定制个性化教学方案，在教学内容上从基本技术、战术、体能训练等多个方面入手，以全面提高人们的羽毛球运动水平和竞技能力。在训练方略方面，现代羽毛球运动训练强调科学性、系统性和循序渐进性，通过制订科学的训练计划，为每个运动者量身定制合适的训练内容和强度，充分发掘个人潜力，从而取得更好的训练效果。因此，对现代羽毛球运动教学理论与训练方略进行研究有着重要的意义。

基于此，本书以"现代羽毛球运动教学理论与训练方略研究"为题，首先，阐述羽毛球运动的基本概念、羽毛球运动的特征与价值、羽毛球运动教学及其原则；其次，分析羽毛球运动训练的身心基础、原则要领、方法规律以及羽毛球运动打法的训练与培养；再次，讨论羽毛球运动的握拍与步法教学训练、发球与接发球技术教学训练、击球技术教学训练、技术训练的创新方法、体能素质的提升策略；然后，对羽毛球运动的基本战术、单打战术、双打战术、混合双打战术，以及战术意识的培养与创新进行论述；接下来，探讨羽毛球运动训练计划的制订与调控、羽毛球年度训练与比赛的安排、羽毛球运动训练的科学管理、羽毛球运动训练的医务监督与保障；最后，研究慕课模式、微课模式、BOPPPS模式、线上线下混合式模式，以及基于SPOC的翻转课堂模式在羽毛球教学训练中的应用。

本书体系完整、视野开阔、层次清晰，通过理论与实践相结合的方式，借助通俗易懂的语言，对现代羽毛球运动教学理论与训练方略进行系统梳理和阐述，适合广大羽毛球运动爱好者在实践中参考运用。

笔者在本书的写作过程中，得到了许多专家学者的帮助和指导，在此表示诚挚的谢意。由于笔者水平有限，加之时间仓促，书中所涉及的内容难免有疏漏之处，希望各位读者多提宝贵意见，以便笔者进一步修改，使之更加完善。

# 目录 CONTENTS

## 第一章 现代羽毛球运动教学的理论基础 …………………… 001

第一节 羽毛球运动的基本概念 ………………………… 001
第二节 羽毛球运动的特征与价值 ……………………… 007
第三节 羽毛球运动教学及其原则 ……………………… 021

## 第二章 现代羽毛球运动训练的基本原理 …………………… 032

第一节 羽毛球运动训练的身心基础 …………………… 032
第二节 羽毛球运动训练的原则要领 …………………… 038
第三节 羽毛球运动训练的方法规律 …………………… 041
第四节 羽毛球运动打法的训练与培养 ………………… 046

## 第三章 现代羽毛球技术教学训练与体能提升 ……………… 068

第一节 羽毛球运动的握拍与步法教学训练 …………… 068
第二节 羽毛球运动的发球与接发球技术教学训练 …… 073
第三节 羽毛球运动的击球技术教学训练 ……………… 077
第四节 羽毛球运动技术训练的创新方法 ……………… 086
第五节 羽毛球运动体能素质的提升策略 ……………… 088

## 第四章 现代羽毛球战术教学训练与意识培养 ……………… 101

第一节 羽毛球运动的基本战术 ………………………… 101

第二节　羽毛球单打战术教学训练 …………………………………113
　　第三节　羽毛球双打战术教学训练 …………………………………117
　　第四节　羽毛球混合双打战术教学训练 ……………………………120
　　第五节　羽毛球运动战术意识的培养与创新 ………………………127

第五章　现代羽毛球运动训练的管理与保障 ……………………………134
　　第一节　羽毛球运动训练计划的制订与调控 ………………………134
　　第二节　羽毛球年度训练与比赛的安排 ……………………………139
　　第三节　羽毛球运动训练的科学管理 ………………………………142
　　第四节　羽毛球运动训练的医务监督与保障 ………………………144

第六章　现代羽毛球运动教学模式的创新应用 …………………………149
　　第一节　慕课模式在羽毛球教学训练中的应用 ……………………149
　　第二节　微课模式在羽毛球教学训练中的应用 ……………………155
　　第三节　BOPPPS 模式在羽毛球教学训练中的应用 ………………166
　　第四节　线上线下混合式模式在羽毛球教学训练中的应用 ………172
　　第五节　基于 SPOC 的翻转课堂模式在羽毛球教学训练中的应用 ………181

**参考文献** ……………………………………………………………………188

# 第一章 现代羽毛球运动教学的理论基础

## 第一节 羽毛球运动的基本概念

羽毛球是全世界广泛开展的一项球类运动，具有突出的健身性、竞技性和娱乐性。随着羽毛球运动在全世界的全面普及与快速发展，现代羽毛球运动的专业化、职业化、商业化等发展趋势越来越鲜明，竞技羽毛球发展水平越来越高，而中国竞技羽毛球也充分彰显了自己的传统优势，在国际羽坛保持稳固地位。本章主要对竞技羽毛球运动的基本理论展开研究，主要内容包括羽毛球运动的基础知识、羽毛球运动的竞技特征与比赛特征、世界羽毛球重大赛事以及羽毛球竞赛规则。

### 一、羽毛球运动的起源及其发展

#### （一）羽毛球运动的起源

羽毛球是典型的小球运动，在室内和室外都可以开展。两人或四人进行羽毛球运动，一方各一人或两人，用一张网隔在中间，双方用球拍向对方场地击球，来回击球过网，在尽力接球的同时想方设法让对方回球失误，为本方创造得分机会。19世纪中叶最早出现了羽毛球运动的雏形，起源地为印度浦那，当时有一种和羽毛球运动很相似的游戏在印度浦那较为普及，游戏使用的器材是插着羽毛的圆形硬纸板或绒线球、木拍，游戏者用木拍往返击球，使球在空中来回运动。早期英国驻印度军队中经常开展这项游戏活动。也有史料记载，中国古代的板羽球游戏和羽毛球运动比较类似。

现代羽毛球运动的起源时间为19世纪60年代初期。当时英国伯明顿镇有一位公爵名叫鲍费特，他邀请人们来自己的庄园参加室外游艺活动，但由于天气恶劣，只能在室内活动。有几位英国驻印度退役军人也在应邀之列，这几位来宾提议人们一起来做当时印度浦那流行的类似羽毛球的游戏，人们纷纷赞同，于是将一根用来代替球网的绳子放在中间，每局参加者为两人，有分数要求，大家玩得不亦乐乎。在这之后，这项集健身、休闲娱乐、高雅于一体的羽毛球活动在英国迅速流传，英国伯明顿也成为现代羽毛球运动的诞生地，为了纪念这个诞生地，羽毛球的英文名被确定为 Badminton（伯明顿），在全世界广为流传。

作为游戏的羽毛球运动刚开始对人数、场地、分数没有明确的要求与限制，参与者隔绳来回对击即可。现代羽毛球运动从英国伯明顿传播开来之后，对参与人数、场地以及分数都有了一定的限制。1875 年，羽毛球雏形的产生地——印度浦那出现了世界上第一本写有羽毛球规则的书，同年，英国成立了世界上第一个军人羽毛球俱乐部。随着羽毛球规则的不断统一和完善，较为权威的羽毛球比赛规则在 1878 年由英国制定，但当时规则内容相对简单，对场地规格作了简单的规定，并采用沙漏作为计时器。1893 年，英国的羽毛球俱乐部已经建立了 14 个，这些俱乐部派代表出席关于成立英国羽毛球协会的会议，经全体同意，英国羽毛球协会在 1893 年正式成立，这一组织积极推动了英国羽毛球运动的开展、传播和提高。

### （二）中国羽毛球运动的发展

现代羽毛球运动传入中国大约是在 1910 年，而在我国迅速普及与发展是在中华人民共和国成立后。中国羽毛球运动发展迅速，从 20 世纪 70 年代开始，中国羽毛球队成为世界强队，在世界球坛占据一席之地。

1910 年，现代羽毛球运动在我国上海最早出现和传播，之后北京、天津、广州、成都等城市也出现了羽毛球运动，主要流行于学校。中华人民共和国成立后，大众的健康受到党和政府的关心，体育促进健康的功能得到重视，从而为羽毛球运动的快速发展提供了契机。1954 年前后，一些海外留学生及不同行业的人才回国报效国家，并将国外丰富而先进的羽毛球技术带了回来，我国逐渐组建了羽毛球运动队。由于当时国际羽联并不承认我国在这个组织中的合法席位，因此我国羽毛球队没有参加世界羽毛球锦标赛的资格与机会。但当时羽毛球运动是我国对外交往的一个体育社交手段，在世界交往中我国羽毛球队与世界强队展开较量，成绩十分瞩目，一些国外媒体将中国羽毛球队誉为"冠军之冠军""无冕之王"。直至 1981 年 5 月，我国在国际羽联的合法席位得到恢复，中国羽毛球队获得参加世界羽毛球锦标赛的资格，实现了角逐世界羽坛、争夺世界冠军以及为祖国争取荣誉的愿望。

1981年7月，我国羽毛球队参加第1届世界运动会，在男子单打、双打，女子单打、双打四个比赛项目中均获得了冠军。1982年，我国的羽毛球运动员首次在全英羽毛球公开赛中亮相，首次参赛就夺得了男子单打，女子单、双打三个项目的冠军。同年，中国羽毛球队第一次出现在"汤姆斯杯"比赛中，首次参赛就一举摘冠。1996年，中国羽毛球队在亚特兰大奥运会上获得了女子双打项目的金牌，改写了奥运会上中国羽毛球项目奖牌零的历史。进入21世纪后，中国依然保持着羽毛球强国的地位，在最近的2020东京奥运会上，中国羽毛球队取得了2金4银的优异成绩，其中有5块奖牌由首次参加奥运会的年轻运动员获得。

## 二、羽毛球运动场地与器材

### （一）羽毛球运动场地

1. 球场

（1）羽毛球球场形状是一个长方形，用宽40毫米的线画出。

（2）场地线的颜色是白色、黄色或其他容易辨别的颜色。

（3）在单打发球区边线内沿（距离端线530毫米和990毫米处）画测试正常球速区域的4个40毫米×40毫米的标记。这些标记的宽度均包括在所画的尺寸内，即距端线外沿530毫米至570毫米和950毫米至990毫米。

（4）所有场地线都是它所确定区域的组成部分。

（5）如果面积不够画出双打球场，可画一单打球场，端线亦为后发球线，网柱或代表网柱的条状物应放置在边线上。

2. 网柱

（1）网柱在双打的边线上，从球场地面起高1.55米，垂直于地面，使球网保持紧拉状态。

（2）如不能设置网柱，必须采用其他办法标出边线通过网下的位置，如使用细柱或40毫米宽的条状物固定在边线上，垂直向上到网顶绳索处。

需要注意的是，在双打球场上，不论进行双打还是单打比赛，网柱或代表网柱的条状物均应置于双打边线上。

3. 球网

（1）球网由深色、优质的细绳织成。网孔呈正方形，各边长长度约为15～20毫米。

（2）球网上下宽760毫米。

（3）球网的顶端是用 75 毫米的白布对折而成，用绳索或钢丝穿过夹层。白布边的上沿紧贴绳索或钢丝。

（4）绳索或钢丝必须足够长、足够结实，能牢固地拉紧并与网柱顶部齐平。

（5）球场中央处网高 1.524 米，双打边线处网高 1.55 米。

### （二）羽毛球运动器材

1. 羽毛球

羽毛球可由天然材料制成、人造材料制成或用天然和人工材料混合制成，只要球的飞翔性能与用天然羽毛和包裹羊皮的软木球托制成的球的性能相似即可。

羽毛球的一般规格如下：

（1）有 16 根羽毛固定在球托部，羽毛长 64～70 毫米。

（2）羽毛球重 4.74～5.50 克。

（3）羽毛顶端围成圆形，直径为 58～68 毫米。

（4）羽毛应用线或其他适宜材料扎牢。

（5）球托直径 25～28 毫米，底部为圆形。

2. 球拍

球拍由拍柄、拍弦面、拍头、拍杆、连接喉组成整个框架。①拍柄，握住球拍的部分；②拍弦面，用于击球的部分；③拍头，界定了拍弦面的范围；④拍杆，连接拍柄与拍头；⑤连接喉，连接拍杆与拍头。

## 三、羽毛球运动的基本术语

### （一）场地区域划分

1. 以击球者在场上的击球位置划分

（1）前场：前发球线附近至球网区域。

（2）后场：从端线至场内约 1 米处。

（3）中场：前、后场区之间的区域。

（4）左、右场区：以场地的中线为界，分为左、右两个场区。

2. 以发球时球的落点划分（在战术中运用）

（1）1 区：前发球线靠近中线的区域。

（2）2 区：前发球线靠近边线的区域。

（3）3 区：后发球线靠近中线的区域。

（4）4 区：后发球线靠近边线的区域。

## （二）指法

手握球拍击球，在球拍与球碰触的瞬间，手指肌肉突然收紧发力，成功转换球拍面的方向或使挥拍速度加快。在羽毛球击球动作中，手腕手指发力是非常重要的环节之一，对击球方向和击球距离的控制与调整都需要依靠这一环节来完成，手指恰到好处的发力也有助于促进击球质量的提高。

下面简单分析羽毛球击球技术中上肢动作的一些常见指法：

1. 屈指发力

（1）方法：击球手的拇指和食指将拍柄扣紧作为支点，其余三指弯曲握紧，击球时手指收紧发力。

（2）应用：在需要发力的击球技术中常采用这一指法，如抽球、杀球、击平高球、击高远球等。

2. 捻动发力

（1）方法：自然握拍，要使拍面旋转，需用除拇指外的其余四指旋转（顺时针方向）搓动拍柄。

（2）应用：网前搓球不需要发很大的力，此时可采用捻动发力的指法。

3. 屈捻发力

（1）方法：屈捻发力的动作介于屈指发力和捻动发力之间，是二者的结合，手指力量大于捻动发力，小于屈指发力。

（2）应用：在后场吊球技术中常采用屈捻发力的指法。

4. 手腕前屈、后伸

（1）方法：持拍手臂基本平行于地面，掌心向下，此时前屈的动作是指手腕下压，后伸的动作是指手腕上抬。

（2）应用：在后场杀球、挑球、击平高球等需要特别发力的击球中常采用这种指法。

5. 手腕内收、外展

（1）方法：持拍手臂基本平行于地面，手掌直立就像握手的姿势一样，此时外展的动作是指手掌上抬，内收的动作是指手腕下压。

（2）应用：在反手击球动作中常采用这种指法。

6. 小臂内旋、外旋

（1）方法：持拍手臂基本平行于地面，此时内旋的动作是指手背向上，外旋的动作是指从手背向上转到掌心向上。

（2）应用：在抽球、杀球、击平高球、击高远球等需要发力的击球动作中常采用这一指法，从而对击球的拍面进行调整，使击球刹那的爆发力得到增强。

7. 拉拍

（1）方法：手臂向上举起充分伸直，然后肘部下沉，使球拍的挥动方向为前下方。

（2）应用：在中场平抽球、近网球等击球点较低的击球动作中常采用这一指法。

## （三）球感

球感是指专门化知觉能力，是羽毛球运动员经过长时间的专项训练和运动实践而形成与发展起来的。拥有专门化知觉能力的运动员对羽毛球的肌肉感觉良好，能够敏锐观察与准确判断场地、球、人、攻守变化，能够及时把握时机合理选择技战术。

球感良好的羽毛球运动员有很强的感觉能力，这种能力已经达到了精细分化的水平，能够准确感知球与球拍的时空特性、物理特性以及人在击球时表现出来的运动学特性。

1. 手感

羽毛球运动员的手感是指击球时表现出来的生物运动学特性，如持拍击球的整个过程中相关肌肉和关节的活动能力。

2. 球性感

球性感是指羽毛球运动员对球的一般特性的感知能力和对击球时球的运动特性的感知能力。球的一般特性表现为球的形状、重量、体积、重力、弹力等，球的运动特性表现为击球后球的运动方向、运动轨迹以及运动速度。

3. 球拍感

球拍感是指羽毛球运动员对羽毛球球拍的一般特性（球拍的形状、体积、重量、弹性及其与人的关系等）的感知能力和对击球时球拍所产生的运动特性的感知能力。

## 第二节 羽毛球运动的特征与价值

### 一、羽毛球运动的特征

#### （一）基本特征

1. 力量快速爆发

从羽毛球运动员在比赛中身体运动的方式来看，运动员的大量动作都是上下肢协调运动完成的。在上肢运动方式中，手臂肌肉参与击球动作需要很强的爆发力，只有快速爆发力才能使用球拍将羽毛球击入对方场地。在下肢运动方式中，运动员快速移动既要求有良好的速度素质，也要求有良好的下肢肌肉力量，而且下肢肌肉的爆发力是速度的基础，只有下肢快速爆发力量，及时移动到位，才能迅速在合理位置击球，达到上下肢动作的协调统一。所以，对羽毛球运动员而言，力量素质与速度素质是有机结合、密不可分的。

羽毛球运动员应该具备良好的速度力量，充分发挥该力量的动力性，如此才能在短时间内产生瞬间的爆发力，这种爆发力量非常强大，是完成上下肢动作必不可少的重要身体素质。

羽毛球运动员上肢的爆发力主要以腕部与手指的力量为主，从而有力地击球，而下肢的爆发力主要在双脚的起动蹬力上体现出来，有助于使身体快速移动到合理的位置而协调完成上肢击球动作。

2. 不确定性

羽毛球运动员在击球时的移动步法、击球手法是遵循一定规律而完成的，但因为羽毛球运动的击球动作有很多不确定性因素，如来球方向、来球角度、来球距离、来球力量等等，这些不确定因素导致运动员对来球的落点很难准确判断，所以需要采用各种击球技术来应对，可见羽毛球击球的模式并不是固定的，而是在动态变化下完成各项技战术动作的。而且，面对来球，运动员在判断和分析的基础上可以采取不同的几种击球方式来应对，如果对方击球风格多变，球路变化多，那么本方也必须灵活应对。

羽毛球运动充满不确定因素，球路多变，击球方式多样，因此优秀的羽毛球运动员必须具备良好的身体素质和技术能力，从而在球场上全方位出击。羽毛球运动的不确定性是羽毛球运动员在赛场上运用多种不同步法和不同击球方式进行比赛的主要原因之一，如为了快速移动到来球方向，常常采用交叉步、跨步、垫步、蹬跳步、蹬跨步等各种步法，为了顺利击球，要在不同场区灵活采用多种不同的击球方法，从而成功向对方场区击球或使对方击球失误。

总之，羽毛球运动的多变性决定了技术的多变性，而多变技术的成功实施是以良好的速度力量、速度耐力及灵敏性为基础的。

3. 比赛时间较长

羽毛球运动员必须具备良好的耐力素质，为长时间持续运动（不断移动击球）奠定好身体基础。长时间持续运动是由羽毛球的竞赛方式所决定的。羽毛球赛制主要是三局两胜，每一局都没有时间要求与限制，哪一方先得到规定分数则获得该局的胜利。在羽毛球比赛中，如果双方竞技能力相近，那么常常会出现久攻不下的局面，有时候一个球的得分要来回击球一百余次才能获得，运动员要付出很大的努力才能获得每一分，一场比赛下来需要一两个小时，比赛打得很辛苦，双方都要消耗巨大的体能，对运动员的体能和心理素质都是巨大的考验。

羽毛球比赛时间较长，对运动员的耐力素质提出了很高的要求，但这种耐力不同于长跑运动员的耐力，长跑运动员的耐力是周期性的运动耐力，而羽毛球运动员的耐力是专项速度耐力，是与羽毛球的专项特征相符的专门化耐力。长跑运动员有很强的耐久力，但如果让长跑运动员去参加羽毛球比赛，那么其很快就会感到疲劳，疲劳出现的时间比羽毛球运动员要早，原因是长跑运动员从事的长跑项目是周期性运动，是持续的有规律的，而羽毛球运动是不断变化的，所以羽毛球运动员必须要有专门性的速度耐力，这是将速度、耐力、灵敏性紧密结合起来的综合能力。

（二）竞技特征

1. 以"全面"为基础

羽毛球新赛制出现后，竞赛的激烈程度不断提升，对羽毛球运动员也提出了越来越高和全面的要求。羽毛球运动员不仅要有良好的体能和技战术能力，还要在思想素质、心理素质、智能、意志品质等方面达到较高的要求，具备这些素质是优秀羽毛球运动员的共同特征。

羽毛球运动员的竞技能力不仅包括技战术能力，还包括体能、心理、智能等能力，羽毛球运动员应该具备良好的综合素质，全面发展各项竞技能力。近些年，国际羽毛球比赛中优秀运动员主要靠积极进攻来得分，以主动得分为主，采用各种技术对对方的进攻进行压制，如下压球、发小球等，这对羽毛球运动员训练的专业化水平及全面性提出了较高的要求。专业羽毛球运动员应该具备全面的素质，不仅要在训练中提高技战术能力，还要加强体能练习，形成良好的心理素质，提升智力水平，如此才能将自己的综合实力充分展现出来，才有可能在激烈的比赛中获得胜利。

2. 以"快"为核心

"快、狠、准、活"是现代羽毛球运动的主要特点与发展模式，其中"快"是核心，羽毛球运动的"快"具体体现在运动员的临场反应、步法移动、技战术的完成以及攻防转换的节奏等方面。羽毛球新规则出现后，竞技羽毛球运动的发展水平提升，羽毛球运动员树立了强烈的进攻和强攻意识，在赛场上快速判断、迅速进攻，为自己争取得分的机会。羽毛球运动员只有加快节奏、增强意识，才能在比赛中占据主动权，保持优势地位，争取最终比赛的胜利。

3. 以"体能和心理"为优势

随着现代竞技羽毛球运动发展水平的提升，羽毛球比赛的竞争程度也逐渐增加，这对专业羽毛球运动员的身心素质提出了较高的要求。羽毛球运动员在比赛中进攻或防守，都以良好的体能素质为基础，只有身体素质好了，才能保证技战术的顺利完成，坚持到比赛最后。除了身体素质外，心理素质对一名优秀的羽毛球运动员来说也是必不可少的。在羽毛球运动员的竞技能力结构中，心理素质占据重要地位，是影响比分的关键因素，有时羽毛球运动员的心理素质对其比赛结果起到决定性影响，羽毛球运动员因心理素质差在比赛中发挥失常、最终落败的事例屡见不鲜。可见，心理素质和体能一样重要，都是羽毛球运动员的必备素质。

需要注意的是，当羽毛球比赛中参赛双方的技战术实力相当时，体能和心理素质好的一方更容易占到优势。基于体能素质的重要性，在羽毛球后备人才选拔中必须加强对体能指标的评价，尤其要重视身高优势，因为现代羽毛球运动在竞技化发展中逐渐突出高空优势的特征，这是竞技羽毛球发展的必然结果。结合羽毛球运动的特点来看，高空优势指的是身材高大的羽毛球运动员在比赛中抢占高的击球点比较容易，在吊球、杀球等击球技术中抢占高的击球点有助于发挥这些技术球路刁、落点深的优势，能够使对手的步法移动距离扩大，为本方争取主动机会，争取在主动进攻中得分。

4. 以"特长"为法宝

随着现代竞技羽毛球运动的不断发展，羽毛球运动员的技战术越来越全面，在所有运动员都全面发展与提高的情况下，运动员要在竞争激烈的比赛中取得胜利，就必须要有特长，即"人无我有、人有我优"，这是运动员打败对手、获得胜利的重要法宝。要形成与发展特长，就要以全面发展竞技能力为基础，在全面发展的基础上重点发展特长，如此才能在高水平的羽毛球比赛中争得主动地位，发挥自己的特长，展现自己的高超技术，获得最终的胜利。

羽毛球运动员的特长并不单单指技术特长和战术特长，如擅长进攻技术、擅长网前击球技术、擅长后场击球技术等，特长是一个广泛的概念，以技术特长为主，此外还体现在体能、心理、智能等方面。羽毛球运动员可以发展自身竞技能力构成因素中任何一方面的特长。

### （三）比赛特征

#### 1. 羽毛球比赛中能量供应需求的特点

羽毛球运动是高强度间歇类运动的典型项目，世界羽毛球联合会对羽毛球竞赛计分系统进行了更改，21 分发球得分制是新的计分系统，它代替了 15 分发球得分制，计分系统的变化在很大程度上影响了羽毛球比赛的时间结构和参赛运动员的能量需求。羽毛球比赛对运动员供能系统提出了很高的要求，而且运动员只有较短的间歇时间，既包括对有氧供能系统的要求，也包括对无氧供能系统的要求。除了对供能系统的要求外，对运动员间歇时的恢复能力也提出了很高的要求。羽毛球比赛中，虽然占比较大的供能方式是有氧供能，但最终是无氧供能起决定性作用。羽毛球运动员在比赛中打一个回合要多次挥拍击球，在这个过程中无氧供能是他们的主要能量来源。运动员能否坚持打完时间较长的比赛，是由很多因素所决定的，其中就包括无氧供能能力这项因素。

由于羽毛球比赛强度较大，运动员的平均心率和最大心率都会比较高，这说明羽毛球比赛也要求运动员要有良好的有氧供能能力，尤其是对单打项目的运动员来说，只有有氧供能能力强，才能释放完成比赛所需要的身体能量，才能在短暂的间歇中尽可能恢复。

#### 2. 羽毛球比赛中击球技术选用的特点

羽毛球击球技术有诸多分类，如进攻技术、防守技术、前场技术、中场技术和后场技术等等。羽毛球运动员在球场上选择和运用什么类型的击球技术，是由其击球时所在的位置和对方来球的特点所决定的。在羽毛球男子单打项目的比赛中，运动员使用较多的是扣杀球、平抽球等击球方式；羽毛球女子单打项目比赛中，使用最多的击球技术是吊球；其他击球方法在羽毛球比赛中出现频率的分布没;明显差异。

在羽毛球比赛中,男子运动员常常近网击球,网前球和高球出现较为频繁。相对来说,女子运动员比较习惯采用后场击球技术,如吊球、高远球。不管是男子羽毛球运动员,还是女子羽毛球运动员,在比赛中运用的进攻技术要多于防守技术。在羽毛球单打比赛中,为了防止对方使用进攻性击球方式接发球,运动员常常发运动轨迹平而短的低、短球。

(四)技术特征

1. 方向性特征

羽毛球作为一项全球性的竞技运动,在不同的发展时期展现出不同的方向性和技术特点。

在欧洲全盛时期,羽毛球运动注重稳准打法,技术水平追求步法的准确性和回中心位的稳定性。球员们注重击高远球和放网前球,强调力量和准确性的结合,他们的打法以稳定为主,以确保球的准确度和落点的精准性为目标。

而在亚洲全盛时期,羽毛球运动在欧洲稳准打法的基础上加强了积极进攻的要素。球员们注重爆发用力和动作的小、快,技术动作更加突然和迅速;步法的变化更加快速,以增加对手的反应时间和干扰对手的节奏为目标;扣杀、快吊、劈吊、劈杀等技术动作得到更多的强调和运用,以争夺主动权和攻击性为主要策略。

然而,进入奥运会时期,羽毛球运动的方向性发生了本质变化。运动员们追求更快、更高、更强的竞技水平,他们注重上手意识、高点意识和向前意识。上手意识强调控网进攻,追求更加积极主动的进攻方式,以减少对手的反击机会。高点意识要求球员在比赛中能够在高点处出球,增加球的落点高度,制造对手的失衡和压力。向前意识强调球员在比赛中时刻保持前移的状态,以更好地掌握比赛的主动权。

为了适应这一新的发展方向,羽毛球运动的训练方法和选材也发生了变化,训练中更加注重控网进攻和反应训练,以提高球员的进攻效率和反应速度。同时,选材偏向身体素质突出的运动员,如爆发力强、速度快、灵活性好的选手,以适应更加激烈和高强度的比赛节奏。

这些变化导致了传统的四方球打法及相关战术基本取消。四方球打法强调控制球场四个方向的战术布局,由于进入奥运会时期的方向性变化,取消了传统的四方球打法及相关战术,突出了羽毛球运动的进攻性和竞技性。这种变化推动了球员们技术水平的不断提高，使得比赛更加激烈和具有观赏性。

随着羽毛球运动的不断发展，其方向性的变化是基于不同时期对技术水平的不同追求的。从欧洲全盛时期的稳准打法到亚洲全盛时期的积极进攻，再到奥运会时期的追求更快、更高、更强，每个阶段都呈现出独特的特点和发展趋势。

这种方向性的变化不仅反映了羽毛球运动的进步和创新，也反映了运动员们对技术和战术的不断探索和突破。通过注重力量、准确性、进攻性和反应能力的训练，球员们不断提高自身的竞技水平，使得羽毛球运动在全球范围内得到了广泛的发展和关注。

总体而言，羽毛球运动的方向性发展是一个动态的过程，随着时代和技术的变革而不断演进。无论是稳准打法、积极进攻，还是追求更快、更高、更强，这些方向性的变化都推动了羽毛球运动的发展和进步。未来，随着科技的发展和运动理念的不断演进，羽毛球运动的方向性可能会继续发生变化，为运动员们创造更多的挑战和机遇，也为观众们带来更加精彩的比赛体验。

2. 复杂性特征

羽毛球运动的复杂性可以归纳为两个关键点：技术类型和技术打法。这两个方面共同构成了羽毛球运动的多样性和挑战性。

首先，羽毛球运动涉及多种技术类型，包括手法和步法。在手法方面，羽毛球运动员需要掌握攻击类型、突击类型、拉吊类型和综合类型等多种技术。攻击类型涉及各种击球的方式，如扣杀、抽球和挑球等；突击类型则包括冲击对手网前的快速进攻；拉吊类型则涉及高球和低球之间的拉吊之间的变化；综合类型则是综合运用多种技术的打法。

在步法方面，羽毛球运动员需要根据方式、功能和应用来划分不同的步法类型。原地步法是保持在一个位置上的移动方式，用于调整站位和迎接对手的击球。预动步法是提前做好准备动作，以迅速反应对手的击球。碎步步法则是迅速跳动双脚以适应快速移动和应对对手的进攻。一步步法包括单步步法、并步步法、小跳步步法、跳步步法、跨步步法、蹲步步法和弓箭步步法等多种变化。两步步法包括换步步法和迈前腿的并步步法。三步步法包括垫步步法、跨步步法、前交叉步法和后交叉步法等。三步半步法则包括单腿起跳腾空步步法、双腿起跳腾空步步法、跑动步步法、跟重心步法和鱼跃步步法等。

其次，羽毛球运动存在多种技术打法。在手法方面，运动员可以采取以正手为主的打法，即主要使用正手进行击球，也可以选择正反手均衡型的打法，即正反手技术发展均衡。还有一些选手完全依赖正手的打法，他们擅长使用正手进行各种技术动作。此外，还有以控制网前为主的打法，这些选手擅长在网前控制比赛节奏和发起进攻。还有以控制后场为主的打法，这些选手善于在后场运用各种技术来控制比赛。另外，还有前后场相结合的均衡打法。

羽毛球运动的复杂性使得其成为一项高度依靠技术和策略性的运动，需要运动员具备全面的技术素养和战术意识。运动员在羽毛球场上不仅需要精准的技术执行能力，还需要灵活的应变能力和快速的反应能力。同时，他们还要对不同的技术类型和打法进行准确的判断和选择，以取得比赛的胜利。

因此，对于羽毛球运动员来说，不仅需要在训练中熟练掌握各种技术类型和打法，还需要不断提升自己的身体素质、技战术水平和心理素质。只有通过全面的准备和实践，才能在比赛中应对复杂多变的情况，发挥出最佳水平，取得成功。

3. 羽毛球运动复杂性的技术要素

（1）力量方面在羽毛球比赛中扮演着重要的角色。回球时，运动员可以根据比赛形势和对手来球的情况来调整力量的大小。如果对手的球速很快，运动员可能需要施加更大的力量来回击，以保证球的速度和弹跳度。相反，如果对手的球速较慢，运动员可以减少力量的施加，以确保球的落点更加准确。力量的变化范围较广，运动员可以根据需要进行微调，这也是羽毛球比赛中假动作的来源之一。

（2）速度方面也是羽毛球比赛中需要灵活调整的要素。回球的速度可以根据比赛形势和来球情况进行调整。在面对对手的强力快速击球时，运动员可能需要以更快的速度回击，以确保对方无法应对。而当对手的球速较慢时，运动员可以适当降低回球速度，以制造出对手难以适应的变化。速度的变化范围较广，运动员需要根据比赛需要做出相应的调整，以获取优势。

（3）旋转方面在羽毛球比赛中也扮演着重要的角色。羽毛球的不对称结构使得旋转在一定程度上可以看作是翻转。无论如何，旋转是羽毛球的一种表现形式，运动员可以通过给球施加旋转来改变球的轨迹和弹跳方式，从而使对手难以应对。旋转的强度变化范围较广，运动员可以选择施加强烈的旋转以制造对手回球失误，或者减少旋转以使球的轨迹更加直线化。旋转的变化是导致对方回球失误的重要原因之一。

（4）弧线方面也对羽毛球比赛产生重要影响。回球时的弧线长度、曲度、距离和方向都会影响比赛的进行。运动员可以通过控制回球的弧线长度来调整球的落点位置,给对手制造出不同的困扰。长弧线可以使球的落点更远离对手,增加对手的回击难度;而短弧线可以使球的落点更接近网前,制造对手的压力。同时,弧线的曲度和距离也可以根据需要进行调整,以欺骗对手和改变球的轨迹,增加回击的难度。此外,弧线的方向可以有多种组合形式,运动员可以通过改变球的弧线方向来打乱对手的预期和战术布局,获得竞技优势。

(5)落点方面(球的落点)。影响球的落点变化的主要因素包括力量大小、速度快慢、旋转强弱、弧线长度、曲度、距离和方向,以及对方来球的力量大小、速度快慢、旋转强弱、弧线长度、曲度、距离和方向。这些因素相互作用,共同决定了回球的落点位置。

力量大小和速度快慢会影响球的飞行时间和落点位置。通常情况下,击球时力量越大、速度越快,球的飞行时间越短,落点越靠近对方球场;反之,力量较小、速度较慢的击球会使球的飞行时间延长,落点位置较靠近己方球场。

弧线长度、旋转强弱和曲度是另一组影响因素。击球时施加的旋转会使球产生弧线运动,改变球的轨迹和落点位置。弧线长度越长,落点位置距离发球点越远;旋转强弱和曲度的变化也会影响球的落点位置,不同的旋转和曲度可能导致球的落点位置偏向不同的方向。

距离和方向也是影响落点的关键因素之一。击球时离网越近,球的落点位置越靠近对方球场;相反,离网越远,落点位置越靠近己方球场。击球方向的选择也会直接影响球的落点位置。

对方来球的力量大小、速度快慢、旋转强弱、弧线长度、曲度、距离和方向也是影响落点的重要因素。对方来球的属性会直接影响到回球的落点位置,例如对方来球力量较大、速度较快,回球的落点位置通常会更靠近己方球场。

除了上述因素,击球时的用力方向、拍形角度、拍面方向、击球时间和触球部位也会影响落点。用力方向和拍形角度会改变球的发射角度,从而影响落点位置;拍面方向和击球时间的微调也可以微调球的落点位置;而触球部位的变化可能导致球的旋转和弧线发生变化,进而影响落点位置。

(6)时间方面。回击球的选择也会受到对方来球的状态影响。上升期击球适用于对方来球处于上升期的情况,通常采用封网技术进行还击。下降期击球是最常见的情况,约占比重为60%~70%,需要掌握击高远球、击平高球、击平球、吊网前球、大力扣杀球、点杀球、平抽球、挑高球、放网前球和推球等技术。而高点期击球较为罕见,约占比重为1%~5%,需要运用跳起扣杀和拦杀等技术。

尽管时间间隔在 0.1 ~ 1 秒之间的范围内变化，但即使是 0.1 秒的时间差也足以导致击球节奏发生较大变化。由于羽毛球的快速飞行速度，球员需要快速反应并做出相应的击球动作，以控制回球的落点位置。

在实战中，运动员需要根据对方来球的属性和自身的技术水平，灵活运用不同的回球技术和战术，以达到控制落点位置的目的。通过持续的训练和经验积累，运动员可以提高回球的准确性和灵活性，使落点更具变化和欺骗性，从而取得竞技优势。

（五）对抗性特征

对抗性是指羽毛球运动技术之间相互依赖、相互制约、相互（对立）统一的矛盾发展、演化过程中的一种关系。羽毛球运动技术的对抗性主要包括以下内容：

1. 羽毛球运动对抗性技术之间的相互依赖

羽毛球技术打法可以分为快速为主和全面为主两大流派。快速为主的技术类型流派注重快速进攻和积极控网的技术打法，这种打法在比赛中具有先发制人、主动得分、控制局面和抢先上手的积极作用。运动员运用快速进攻的策略可以迅速攻破对手的防线，打乱对方的节奏，增加得分的机会。同时，积极控网的技术打法也能够有效地限制对手的发挥，减少其得分机会。然而，快速为主的技术打法存在一定的弊端，由于这种打法注重速度和攻击性，它的后劲较弱，长时间持续进攻难以取得明显的效果。在久攻不下的情况下，运动员容易暴露防守漏洞，攻防衔接不协调，导致先赢后输的现象发生。

因此，快速为主的技术流派必须建立在全面为主的技术流派基础上。只有在技术全面的前提下，积极快速的进攻才能取得最佳效果。全面为主的技术类型流派强调技术的全面性和无明显漏洞，运动员运用这种打法可以在比赛中游刃有余，难以被进攻、相持或防守反击的技术打法所奈何。全面为主的技术打法使选手具备全方位的技术能力，无论是进攻、防守还是相持，都能够应对各种情况。然而，全面为主的技术流派在面对其他类型的打法时可能会遇到困难，因为它缺乏明显的突出特长，难以对特定类型的打法进行有效的克制。

因此，全面为主的技术流派也需要建立在快速为主的技术流派基础上。只有在技术支撑的前提下，加入全面进攻才能取得最佳效果。快速为主的技术流派注重攻击性和速度，为全面为主的技术流派提供了进攻的基础和机会。而全面为主的技术流派则注重技术的全面性和稳定性，为快速为主的技术流派提供了防守和相持的能力。

2. 羽毛球运动对抗性技术之间的相互制约

（1）快速为主的技术类型流派对全面为主的技术类型流派的制约、控制。

当前世界羽坛技术之间存在相互制约的关系，主要是快速为主的技术类型流派与全面为主的技术类型流派之间的相互制约、控制与反控制的关系。这一现象可以归因于羽毛球的特性，它决定了比赛中运动员需要在极短的时间内做出反应和调整，因此快速为主的技术类型流派在强对抗中具有优势。羽毛球作为一项快节奏的运动，要求运动员具备快速的反应能力和出色的移动能力。然而，面对快速球速和变化多样的情况，运动员往往容易出现判断和移动上的错误，导致被动和还击失误，这就为快速为主的技术类型流派提供了机会，因为他们擅长利用速度和灵活性，在短时间内给予对手制约和控制。

快速为主的技术类型流派在比赛中具备一系列的优势。首先，他们能够迅速发动攻击，用高速的球速和突然的变向来打乱对手的防守节奏。通过快速变化的击球方向和力量，他们能够限制对手的合理技术动作的发挥，迫使对手进行不必要的拼抢和调整，从而增加对手失误的可能性。其次，他们善于利用快速的跑动和迅捷的脚步，占据有利位置并迅速还击。这样的反击打法不仅能够使对手处于被动地位，而且能够有效地破坏对手的节奏和战术安排。

然而，快速为主的技术类型流派并非没有弱点。全面为主的技术类型流派能够利用自身全面的技术能力来制约和反制快速流派。全面为主的技术类型的运动员通常具备出色的技术功底和全面的技术覆盖面，他们能够适应各种球速和球路的变化，准确地判断对手的意图，并做出相应的反应。他们善于运用技术和策略来控制比赛的节奏，通过稳定和持久的防守来消耗对手的体力和耐心。通过精确的球路和技术动作，他们能够有效地应对对手的快速攻击，限制对手的进攻空间，并逐渐取得主动。因此，全面为主的技术类型流派能够对快速流派施加制约和控制。

这种相互制约和控制的关系使得世界羽坛的比赛更加精彩和多样化。运动员们通过不同的技术类型流派展现出个人的风格和特点，同时也需要根据对手的风格做出相应的应对。在技术类型之间的相互制约和控制中，运动员们不断探索和发展新的战术和技术，以寻求取得竞争优势。

然而，需要强调的是，在羽毛球比赛中并不存在绝对的优势。每个技术类型流派都有其独特的优点和限制，而成功的关键在于运动员的个人能力、战术选择和比赛策略的合理运用。在实际比赛中，运动员们需要不断提高自身的技术水平和综合能力，以适应各种挑战和变化的局势。

（2）全面为主的技术类型流派对快速为主的技术类型流派的制约、控制。

全面为主的技术类型流派在与快速为主的技术类型流派进行比拼时，能够有效地制约和控制后者。全面技术的优势在于它的全面性和无懈可击性，它不会留下任何漏洞，使对手无法攻击其弱点，这使得比赛进入了相持状态时，更有利于全面技术打法的发挥。

全面技术的综合性使其具备了广泛的技术能力，不仅在各个方面都有出色的表现，而且能够应对各种情况和策略，它的攻防一体，不容易被对手突破。与此相对，快速技术打法在追求迅速取胜的同时，往往无法适应比赛的长期发展和变化，一旦快速技术无法在短时间内取得胜利，就容易失去节奏，并陷入被动的局面。

全面技术的综合性还使其具备了限制对手合理技术动作的能力，它能洞察对手的战术意图，并有效地进行阻止和干扰。全面技术可以有效地削弱对手的进攻能力，甚至破坏对手的节奏，使其无法按照原计划进行战术部署。这种制约和控制对快速技术来说是致命的，因为快速技术通常依赖于连续的快速进攻和对节奏的掌控。

在比赛中，全面技术流派的选手可以通过综合运用各种技术手段来应对对手的快速进攻，例如灵活运用防守技巧、瞄准对手的弱点进行反击等。通过限制对手的技术动作和破坏对手的节奏，全面技术流派能够有效地施加制约和控制于快速技术流派。

然而，尽管全面技术具备诸多优势，但也需要在实战中充分发挥其潜力。技术的全面性需要与实际操作相结合，选手需要具备出色的技术执行能力和战术决策能力，才能在比赛中充分利用全面技术的优势。

（3）快速为主的技术类型流派与全面为主的技术类型流派之间的制约与反制约、控制与反控制。

快速流派强调快速攻击和迅速结束比赛，技术动作快速、精准，注重爆发力和速度优势。全面流派则更注重全面发展各项技术，包括进攻、防守、控制等，技术动作更加多样化和全面化。

快速流派和全面流派相互制约和控制。快速流派在攻击力上具备优势，但相对较弱的防守和控制能力使其容易被全面流派的选手反制。全面流派虽然技术全面，但攻击速度和爆发力相对较弱，容易被快速流派的选手快速击败。

流派的效果取决于其在比赛中的应用和发挥。无论是快速流派还是全面流派，其效果都取决于选手在比赛中如何运用和发挥自身的技术特点。只有将技术运用到恰当的位置，并根据对手的特点做出调整，才能发挥出最佳效果。

虽然反制约和反控制是可能的，但概率较低。被制约和控制的一方可以尝试通过调整战术和策略来反制对手，但这需要对手出现失误或者自身状态出现显著提升的机会。因此，成功反制的概率相对较低，需要选手具备较高的技术水平和战术意识。

被制约和控制的一方应及时调整自身状态，采取反击手段。当一个选手被对手制约和控制时，关键是要保持冷静，并及时调整自身的状态。可以通过改变战术、提升自己的速度和力量等方式来反击对手，寻找突破口，以改变比赛的走势。

先下手为强是最好的策略。无论是快速流派还是全面流派，都认同先下手为强的策略。通过快速发起攻击，可以占据主动权，并给对手施加压力，限制其发挥空间。这种策略可以有效地打破对手的节奏，并提高自身的胜算。因此，无论选择哪种流派，先下手为强都是最佳的竞技策略之一。

（六）随机性特征

随机性是指羽毛球运动各技术要素及影响羽毛球运动各技术要素的因素，它们之间的单个出现或组合出现的无序性及不确定性。

1. 随机性的组成因素

（1）技术类型因素：①手法部分包括以正手为主的打法，正、反手均衡型的打法，完全依赖正手的打法，以控制网前为主的打法，以控制后场为主的打法，前后场相结合的均衡打法；②步法部分的类型划分包括方式上的划分、功能上的划分、应用上的划分。

（2）技术打法因素：①手法部分约有6种技术打法；②步法部分约有6种技术打法。

（3）技术种类因素：在基本技术类型中可衍生出数十种技术，仅从6种基本手法技术基础上就可以繁衍出众多技术，如果再与6种基本步法技术编排组合起来形成新的步法、手法技术，则技术种类又将增加数倍。

（4）技术要素因素：技术要素因素包括力量、速度、旋转、弧线、落点、时间等6个方面。

（5）取胜条件因素：取胜条件因素包括快、准、狠、变、活。

2. 随机性的组成变化

（1）技术要素组成的可能变化数量。技术要素是指弧线、力量、速度、落点、旋转性质这5个部分，外加运行路线，共6个方面。这6个因素按照顺序又各自分成多个子因素，从每个子因素中任取一个排列组合的变化即为技术要素组成的可能变化，也就是技术要素的随机性可能变化。

（2）技术要素组成可能变化的影响因素。在羽毛球运动实践中，技术要素受很多因素影响，如技术类型、打法会影响技术要素诸因素，工具性能的不同会影响技术要素诸因素，取胜条件的不同也会影响技术要素诸因素。

例如，羽毛球步法大约有六大种类，而在使用其中任何一种步法去完成击球时，所还击过去的球由于使用步法的不同，对回球的力量、速度、旋转性质、弧线、落点、运行路线等的影响都是不同的。

试想，仅仅是羽毛球技术中的一个步法对羽毛球技术要素影响的排列组合就不计其数，再加上羽毛球技术手法方面的技术种类（如以正手为主的打法，正、反手均衡型的打法，完全依赖正手的打法，以控制网前为主的打法，以控制后场为主的打法，前后场相结合的均衡打法），对羽毛球技术要素影响的排列组合更是不计其数。

（3）随机组成的可能变化数量。将羽毛球技术类型、打法、种类、要素、取胜条件、工具性能等因素随机组合所产生的变化数量至今无人能够计算，但有一点是肯定的，那就是这个数量要远远超过技术要素的排列组合。

**（七）精确性特征**

羽毛球作为一项精确性要求极高的运动，其精确性指的是其自身规律性和训练特征，使其在技术类型、技术打法和技术种类等方面具有明确的划分和定位。在羽毛球的技术方面，主要包括手法和步法。

首先，手法是羽毛球技术中至关重要的一环。发球是比赛中的关键环节，不同类型的正手和反手发球能够在速度、角度和旋转等方面带来不同的效果。正手发球通常以正手持拍击球，可以产生较快的球速和强力的下压角度，适用于快速攻击；而反手发球则以反手持拍击球，可以产生较为灵活的球路和欺骗性的变化，适用于制造对手失误。

接发球也是羽毛球技术中至关重要的一环。正手后场、前场和中场接发球以及反手后场、前场和中场接发球都有不同的技术种类。正手后场接发球主要用于远离底线时接低球或高球，技术上可以选择扣杀、挑球或者平抽等方式；而正手前场接发球则适用于对手在前场发球后的接杀或者制造对手失误的机会。同样地，反手后场、前场和中场接发球也有各自不同的技术种类，可以根据比赛情况进行选择和运用。

其次,步法在羽毛球技术中也占据重要地位。不同的步法种类包括原地步法、预动步法、碎步步法、一步步法和三步半步法等。原地步法是指在原地轻微踏步,用于迎接对方的攻球或者调整自身的位置;预动步法则是提前做好准备姿势,迅速移动到下一个位置以便进行接发球或者攻击;碎步步法是在对方攻击时快速移动到合适的位置,并保持稳定的平衡;一步步法则是用于接发球时的移动,通过单脚的迈步快速到达接球点;三步半步法则是通过脚步的连续迈步来进行迅速的移动,适用于对方的进攻或者自己的反击。

## 二、羽毛球运动的价值体现

### (一)羽毛球运动的美学价值

羽毛球运动的美感来自它所展现的形体和律动。在实际情况中,人们欣赏羽毛球的运动美时也变得越来越苛刻。对于羽毛球,人们注意的不仅是羽毛球的运动轨迹,同时还会注意到打羽毛球时,羽毛球和人之间的互动美。其运动美的变现形式在于:

(1)对羽毛球和羽毛球拍之美的要求。针对羽毛球拍的外形而言,有中部的网面设计和外部顺圆形框架设计,这种设计符合中国人的审美要求。再观察羽毛球,球托上插着十六根羽毛,这种类似裙摆的造型无疑也是一种圆弧形的组合之美。

(2)对羽毛球运动员形体之美的要求。羽毛球运动员所展现出的线条、肌肉等都可以构成美的形体姿势,并且使人赏心悦目。

(3)对羽毛球运动员动作之美的要求。打羽毛球时,各种动作技能的展现,都可以表现出动作之美,并且更进一步升华到连续动作上,更是美不胜收。

(4)对羽毛球运行轨迹之美的要求。羽毛球在球拍之间相互传递过程中,形成的一道道完美的弧线,就是羽毛球的运行轨迹,而每一次传递都会使羽毛球的运行轨迹发生变化,在屡次变化的过程中,就会给人带来视觉上的美感。

### (二)羽毛球运动的教育价值

羽毛球运动作为一项体育课程,其教育价值是不言而喻的。因此,在高校的体育课中羽毛球是一项必不可少的课程。

羽毛球运动可以让人的运动技能得到提升。羽毛球运动延续到今天,已然成为水平较高的竞技项目之一。不管是学习还是竞技类比赛,参加人员经过系统性训练以后，奔跑和跳跃能力均能得到显著提高。

羽毛球运动能够使人的身体素质和心理素质得到提升。比赛时，运动员会因为集体氛围过强而产生极高的荣誉感，比赛过程中和队友的通力协作，力争赢得比赛的精神也能让参加者极大提高其自身综合素质，例如坚强与自信、积极向上与自立等优秀品质。

羽毛球运动可以使人的交际能力得到提升。这项运动不是个人项目，至少要有两个人参加。做这项运动的同时，参加者能够展示自己的热情与豪迈，形成和人主动交往的思想观念。

由此可见，各大高校在培养全面发展型人才方面有着不可推卸的责任的情况下把羽毛球运动纳入学校体育的范畴，充分展现出这项运动带来的意义与价值，有利于培养全面发展型人才。

## 第三节　羽毛球运动教学及其原则

### 一、羽毛球运动教学的任务

羽毛球教学是一项综合性的任务，其目标是提升学生的身体素质和心理素质。为了实现这一目标，有以下四点需要考虑：

首先，学生需要全面掌握羽毛球的基础知识、技术和战术，以提高他们的运动技能。在羽毛球教学中，学生应该学习关于比赛规则、场地布置和装备使用的基本知识。此外，他们还需要掌握正确的击球技术，包括正手、反手、发球和接发球等技术要领。同时，学生还应该了解羽毛球比赛中的常见战术，例如如何选择合适的击球角度和速度，以及如何调整战术以适应不同对手的风格。

其次，羽毛球教学还应着重培养学生的集体精神和协作能力，以及顽强的意志品质。羽毛球是一项团队性的运动，要取得好的成绩，学生需要与队友密切合作，共同制定战术和协调配合。在教学过程中，可以组织学生进行团体训练和比赛，培养他们的集体荣誉感和团队意识。同时，通过训练和比赛的挑战，学生将面对困难和挫折，需要培养他们的毅力和坚韧精神，以克服困难并取得成功。

再次，羽毛球教学还应强调培养学生的创新意识和创造能力，以应对羽毛球运动的灵活性和变化性。羽毛球是一项技术要求较高的运动，比赛中经常需要学生根据场上情况作出判断并作出灵活的应对。因此，学生需要具备创新思维和解决问题的能力，能够快速适应不同的比赛环境和对手的变化。在教学中，可以引导学生进行创新训练，例如设计新的战术策略、开发新的击球技巧，以及组织创意比赛，激发学生的创造力和想象力。

最后，羽毛球教学还应注重培养学生的身心健康和综合素质发展。除了技术和战术的训练，学生还需要进行全面的身体素质训练，如耐力、速度、柔韧性等方面的培养。同时，关注学生的心理健康，提供积极的心理支持和激励，帮助他们建立自信心和良好的心理素质。

## 二、羽毛球运动教学的内容

羽毛球教学是一个综合性的教学过程，其教学内容包括理论知识、基本技术和战术配合三个方面。为了确保学生能够全面发展，教师应注重每个方面的内容，并在教学中注重详细和具体地进行讲解。

首先，理论知识是羽毛球教学的基础，它包括技战术分析、教学训练理论、竞赛组织和规则等方面。技战术分析帮助学生了解不同技术和战术的特点以及它们的应用场景，从而在比赛中做出正确的决策。教学训练理论则提供了有效的教学方法和训练计划，帮助学生系统地提高技术水平。竞赛组织和规则的学习则让学生了解羽毛球比赛的组织方式和规则要求，为他们参与比赛提供指导。

其次，基本技术是学生打好羽毛球基础的关键。技术配合注重对于技术规格、动作方式和要领的讲解。教师应详细讲解每个技术的规格要求，例如正手发球的高度和力度、反手挡拍的击球点和击球角度等。动作方式的讲解可以通过示范和分解动作来进行，帮助学生理解和模仿正确的动作方式。要领的讲解则强调学生在实际击球中应该注意的关键点，例如击球时的身体位置、击球力度和击球的时机等。技术的巩固需要时间和反复练习，教师应给予学生足够的练习机会，并及时纠正他们的错误。

最后，战术配合是羽毛球比赛中取得胜利的关键。战术配合要求学生将各种技术合理地组合起来，以实现战术目的。在教学中，教师应重点讲解单打、双打和混双战术。单打战术包括进攻、防守和反击等方面，学生需要学会根据比赛情况选择合适的战术策略。双打战术强调队员之间的合作和默契，例如攻守转换和位置变换等。混双战术则要求男女选手之间的默契和配合，发挥各自的优势。教师在羽毛球教学中应注重讲解理论知识和技术动作的准确性，培养学生正确的技术动作和战术配合能力。通过详细而具体的讲解，教师可以帮助学生建立坚实的理论基础，掌握基本技术，并能够在比赛中应用合理的战术策略。同时，教师还应充分了解学生的实际水平和需求，根据不同学生的特点制订个性化的教学计划。在教学过程中，教师应注重示范和引导，提供实际的操作指导，并通过积极的反馈和纠正帮助学生不断进步。

除了教学内容的传授，教师还应培养学生的团队合作意识和竞技精神。通过组织合理的训练和比赛，学生能够在实践中感受到团队协作的重要性，并在竞技中培养出勇敢、坚毅和顽强拼搏的品质。教师还应鼓励学生参与羽毛球比赛和社交活动，为其提供展示和锻炼的机会。比赛和社交活动不仅能够激发学生的热情和兴趣，还能够让他们在实际比赛中学以致用，提高技术水平和战术应变能力。

### 三、羽毛球运动教学的方法

#### （一）传统的羽毛球运动教学方法

1. 语言教学法

所谓语言教学法，是指教师通过语言的方式来描述体育知识、文化、动作要领、技术构成、教学安排等一系列活动要点的方法，学生通过对教师的语言的理解，逐步掌握知识的要点。

（1）讲解教学法。讲解教学法，是指教师通过讲解来展开教学活动内容。讲解法一般用于体育理论的教学，讲解教学时教师需要注意学生所处的认知能力和知识水平的范围，如果讲解的深度和难度超出了学生认知能力的范围，让大部分学生感到难以理解，则说明教师阐释的方式或者选用的教学内容不适合学生。讲解法的使用要注意以下要点：

第一，明确讲解的内容和目标，讲解的过程要突出讲解内容的重点和难点；讲解要有较强的目的性和针对性，也就是说在讲解之前就要预设好讲解将要达成什么样的目标，以便于在讲解过程中对课堂的整体方向有所把握。避免信马由缰、脱离主题地讲解，这样往往使学生无法理解教师的用意，浪费了课堂的宝贵时间，导致课堂效率过低。

第二，保证讲解内容的准确性。教师要有科学严谨的教学态度，高度重视讲解内容，尤其是对羽毛球历史文化、专业术语的解释以及技能方法的描述要准确到位。

第三，注意讲解的形式要简单明了、生动有趣。任何繁冗拖沓、枯燥乏味的内容都容易让人产生厌倦的感受，因此教师要善于利用图片、视频与语言讲解相配合，同时采用多样化的表达方式，将知识点描绘得更加形象自然，加以肢体动作以促进学生对语言描述的理解。

第四，讲解要由表及里、易懂易学。对于同样的知识点，不同的教师进行教学的效果往往会产生一定的差异，产生这种差异性最主要的原因之一就在于教师引导学生进行理解的方式。优秀的、有经验的教师往往更善于通过对比、类比、递推、递进式提问等形式来启发学生的想象思维和主动思考，促进学生对于知识的敏感性，能够发现知识之间的内部联系，并形成自我的认知能力和属于自己的知识体系，并且能够灵活地完成对知识要点的迁移。

第五，注重讲解的知识在逻辑上的先后顺序以及它们之间的内在关联性，以便于学生能够更快地完成对知识的掌握并形成较为稳定的知识体系。

（2）口令与指示法。口令、指示的语言凝练、短促有力，因此在羽毛球教学的实践中教师可以适当通过口令与指示授予学生一定的知识，这种方式尤其适用于羽毛球教学中的动作教学。口令与指示法的应用有以下要求：

第一，发令的声音要清晰、洪亮。

第二，注意使用口令与指示法的时机。

第三，注意口令和指示发出的语速和节奏，太快了学生跟不上，太慢了会削弱其力度和有效性。

2. 直观教学法

直观教学法是通过给予学生的视觉等感官以刺激来促使学生对羽毛球知识产生深刻的了解。直观教学法的优势和特点是直接、生动、形象，因此产生的效果往往也更具有震撼力和持久性。羽毛球教学中有以下常见的直观教学法：

（1）动作示范法。动作示范法指在羽毛球教学中，教师通过对教学内容的动作示范，来帮助学生熟悉动作的结构和动作的要领，同时对该技术动作有一个整体上的、比较形象化的了解。应用动作示范教学法应注意以下四点：

第一，明确示范目的。在示范之前，要明确示范的目的是什么，通过动作的展示，要使学生达到什么样的学习效果。进行动作示范之前，要指导示范的目的是什么，要展示什么。

第二，动作的示范要标准连贯。因为教师的演示就是学生学习和模仿的参考，所以教师的示范必须要正确，否则一旦学生形成错误的动作习惯，对其后续的学习会带来许多麻烦与不便。

第三，注意要选择合适的示范位置和角度。这样做的主要目的是要使所有的学生都能清晰地观察到动作示范，从而对技术动作产生一致性的、准确的理解和认识。为了实现该目标，教师可以选择从多个角度来进行多次示范等方法。

第四，将示范与讲解相结合。通过示范、讲解两种方式的配合，调动学生的听觉、视觉和触觉等多个感官的功能，使学生对于技术动作有更为深刻的理解和认识。

（2）多媒体教学法。多媒体教学方法在现代羽毛球教学中的使用越来越广泛，其与传统的板书教学最大的区别和优势在于：多媒体教学可以形象生动地将教学内容展示出来，通过动画和视频演示、慢放和定格等操作，可以将每一个动作的每一个重点和细节都精准地定位、展示和分析，从而使学生对动作技术有更加快速、清晰、深刻的认识，这是传统的肢体示范和口头讲解都无法实现的。需要强调的一点是，多媒体教学法的运用需要多媒体教学设备等硬件条件的支持，也需要教师具备多媒体操作技能等软件方面的支持。

（3）教具与模型演示。利用教具和模型等实际物体来辅助教育教学，会使学生对于技术结构的理解更加简便和轻松。其中需要注意以下要点：

第一，根据教学内容的实际需要提前将教具和教学模型准备好。

第二，教具、模型的展示要全面到位。尤其是对器材进行具体的介绍和讲解的时候，可以让学生近距离地观察和体验。

第三，使用过程中要注意保护教具与模型，使用完之后要小心地收纳到指定的容器内，并放置到安全的地方以防损坏。

3. 完整教学法

完整教学法在羽毛球教学中有着较为广泛的应用，其主要应用于教学实践课，重点强调羽毛球教学过程中要完整地、不间断地对整个技术动作的过程进行展示，使学生从整体上产生对动作的整体概念和印象。完整教学法在羽毛球教学中的应用有以下要点需要引起注意：

（1）完整展示要及时。在通过语言讲解之后，要尽快进入整体展示的阶段，保持学生在认知上的连贯性，在语言讲解和整体展示的连续、双重作用下，促使学生对技术动作有一个正确的把握。

（2）前期的动作练习要适当降低难度。对于难度系数稍大的动作，教师可以先降低动作的难度和要求来引导学生完成完整的动作流程，然后逐渐增加难度，待学生比较熟悉动作流程之后再按照标准动作的要求来完成整个动作的学习和练习。

（3）对动作的各个要素进行全面的解析，而不是仅仅局限于将动作连续地展示给学生看。这里的动作要素主要包括动作的发力点、支撑点、用力的方向、大小以及所有影响动作标准的细节因素。

4. 分解教学法

分解教学法是与完整教学法相对的，更适合于高难度的运动项目。分解教学法的主要优势在于分步教学，将原本很复杂的动作变得更容易理解和模仿，从根本上降低了技术动作的难度。具体来说，分解教学法的应用需要注意以下方面：

（1）科学地选择技术动作分解的节点，不要破坏整个动作的连贯性。

（2）注意依次教学和加强衔接练习。对于分解后的各个部分要按照其先后顺序进行练习，之后还要将各个环节的衔接处结合到一起，并对此做专门的强化练习。

（3）将分解法和整体法相结合运用，可以获得更好的教学效果。

5. 竞赛教学法

竞赛教学法就是通过组织各种比赛来促进羽毛球教学的一种方法。竞赛教学法可以提升学生各方面的综合能力，是一种比较理想的训练方法和教学方法。具体来说，比赛可以增加学生运动技能的实践经历，使得那些高难度的动作和技战术不是纸上谈兵，同时还可以锻炼学生的团队协作能力，以及面对突发状况的心理调适能力和应对问题的能力。竞赛教学法是羽毛球教学当中具有特殊优势的一种教学方法，对于提升学生的心理素质、竞技水平以及身体素质都有着不可取代的重要作用。关于竞赛教学法，应用时需注意以下四点：

（1）具有明确的目标。一般是通过竞赛来提升学生相关运动项目的技能水平。

（2）合理分组。各个对抗队的人员实力要处于不相上下的水平，这样才能通过激烈的竞争获得共同的提高。

（3）客观评价。教师要密切关注学生在竞赛过程中的表现，既要从整体上把握，又要看细节的处理，只有做到这一点才能给学生以最客观和中肯的评价，从而使学生能够清晰地意识到自身的优势和不足，促使他们获得进一步的提升。

（4）竞赛教学法的前提条件是学生对于运动项目有一定深度的理解，并且已经熟练掌握相关的技术动作，这样可以有效避免出现由于不熟练带来的运动伤害。

### （二）羽毛球运动教学方法的创新

1. 教学方法的阶段创新

（1）准备活动的方法创新。准备活动是羽毛球教学的重要环节之一。好的准备活动可确保学生不管是身体机能还是心理机能都可以快速进入准备状态，最大程度地降低运动损伤的发生概率，使整个运动过程得以顺利进行。因此，教师在创新羽毛球教学方法的具体过程中，应该以准备活动作为着手点，使准备方法更具创新性，让学生得以放松身心，为后续教学的顺利进行提供保障。

具体来说，准备活动通常可分成两种形式——专项准备和一般性准备。在专项准备活动中，教师可基于教学内容适当引入一些与之相关的内容。例如，教师可在开展教学之前，开展一个趣味游戏，既可以让学生放松身心，激发起学生学习的热情，又可以让学生做好热身，可极大程度地避免运动损伤的发生，进而为后续教学的顺利进行做好铺垫。在一般性准备活动中，可通过游戏的形式激发起学生的参与热情，保证学生大脑的兴奋性得以提升。

（2）课堂教学的方法创新。教师将创新理念融入实际教学中，一方面可使整个课堂氛围更加生动活泼，使原本十分枯燥且单一的训练充满乐趣；另一方面又可将学生的学习热情尽可能地激发出来，使学生不仅可以深入理解相关理论，还能尽快掌握相关的运动技能，进而最终促使整个教学可以取得十分理想的成效。

（3）结尾阶段的方法创新。对于结尾阶段的方法创新同样不应忽视。教师如果在实际开展羽毛球教学的过程中可以很好地对结尾阶段的教学方法进行创新，为整个教学留下一个美好的结尾，会让学生产生一种乐不思蜀的感觉，这无论对于学生运动习惯的养成还是运动意识的形成都具有十分重要的作用。在体育教学中，结尾阶段在整体教学过程中所扮演的作用不容忽视，除了可使学生原本处于不平静状态的身心机能得以迅速恢复外，还能为学生后续的深入学习做好准备。对此，教师在进行教学创新时，一定要以学生此时所具有特点以及需求作为指导，大胆地对方法进行创新，以此来保证教学在结尾处可以得到升华。

具体来说，教师可以安排一些旋律、节奏都较为舒缓的音乐，再配合一些相对较为舒缓的动作，引导学生的机能状态可以逐渐趋于平静。除此之外，教师还可以尽可能对于结尾时的教学形式进行丰富，可引入瑜伽、太极以及健美操等运动项目的动作，以此来尽可能保证学生的学习兴趣得以激发，确保创新可以实现。

（4）游戏形式的方法创新。游戏法是教师创新羽毛球教学方法的重要形式之一。这种方法相对其他类型的教学方法，更具娱乐性，可保证学生的热情得到提升,是当下较为理想的教学方法之一。因此,教师也应在创新教育理念的指引下对于游戏方式适当进行革新,以此来引导学生在游戏中逐渐健全自身的人格、提升自己的智力、发现自己的潜能。

2. 教学方法的组合创新

组合创新教学方法,顺应了现代教学方法优化组合的发展趋势。所谓组合创新,主要是指教师基于合作学习法来进一步对于教学方法进行完善以及创新。教学方法的组合创新实质上是一种对于原有教学方法的创新以及完善,要想保障教学活动的顺利进行,就要基于实际情况对其不断进行创新,以此来确保新的羽毛球教学方法不断涌现,使羽毛球教学最终得以收获到良好的效果。

## 四、羽毛球运动教学的原则

总结与概括教学规律以及所学内容本身规律的结果,即教学原则。具体到羽毛球运动,教学原则是指教师根据羽毛球教学规律来科学组织教学活动。羽毛球教学的原则具体如下:

### (一)一般教学原则

1. 直观性原则

教学方法在羽毛球教育中起着至关重要的作用,而直观性原则是一种重要的教学方法。直观性原则的核心是利用学生的感官和已有知识,通过简单的途径引导学生形成清晰的表象,帮助他们理解和认识羽毛球技术和战术的动作表象和感觉。这种教学方法可以通过多种方式实现,例如动作示范、沙盘演示、图片、电影和录像等。通过这些直观的展示方式,学生可以更准确地了解技术动作和战术配合的要领,从而更好地理解和掌握。

2. 渐进性原则

在羽毛球教学中,渐进性原则也是一项重要的指导原则。渐进性原则要求按照学科逻辑系统和学生的认知规律组织教学活动,使学生逐步掌握羽毛球运动的基本知识、技术和战术配合,形成严密的逻辑思维。教师在教学中应该科学地安排运动负荷,有计划地系统安排教学内容,由简入繁、由浅入深地组织教学活动。通过这种渐进的方式,学生可以逐步建立起对羽毛球运动知识和技能的理解和掌握,提高他们的学习效果和学习兴趣。

3. 主动性原则

主动性原则也是羽毛球教学中需要重视的原则。调动学生的学习主动性,引导他们自主学习、刻苦练习、勇于探索，可以增强他们对羽毛球运动技术、战术、理论等内容的学习主动性。在教学中，教师应该扮演教学引导者的角色，激发学生的内部动力，帮助他们提高解决问题能力，通过激发学生的主动性，使他们更积极地投入学习和训练中，从而取得更好的学习效果。

4. 积极性原则

积极性原则在羽毛球教学中同样重要。培养学生的兴趣，激发他们对羽毛球学习的热情，可以提高他们的学习积极性。教师可以采用启发性教学和积极思维的方法来促进学生的积极思考。教师的角色是引导者和激励者，他们应当明确学习目的，营造和谐的师生关系和积极的学习氛围，以提升学生的学习积极性。

（二）专项教学原则

1. 技术动作与实战对抗相结合原则

羽毛球是一项具有对抗性和开放性特点的运动，强调实战对抗能力的培养必须放在重要位置。在教学过程中，应该根据学生的实际情况和技术水平，结合技术动作和实战对抗来进行教学，这样有助于促进学生对于对抗概念和技术实效的理解，提高学生的实战能力。

羽毛球技能的形成和发展需要通过实战演练来进行学习，这样有助于培养学生的实战能力。在实际操作中，将技术训练视为身体操作的固定程序，可以帮助学生更好地理解和掌握羽毛球技能。因此，在羽毛球教学过程中，教练应该注重学生的技术训练和实战演练相结合，鼓励学生多参加实战对抗，从而达到更好的学习效果。

2. 技术个体化和区别对待原则

每个学生在身体素质、基本知识、理解能力等方面都存在着差异，因此在教学过程中要注意个体表现差异并遵循技术个体化原则。这就意味着，教师要充分了解每个学生的情况，包括其身体素质、基本功水平和学习能力，以选择最适宜的教学方法和进度，并根据学生的实际情况进行针对性的教学。

在练习动作时，注重细节教学，通过及时纠正学生错误的动作并给予肯定和激励，帮助学生不断地进步和提高，由此培养和锻炼学生的个性化技术特点，使其在保持动作规范化的前提下，发挥出自己的特点。

除了注重基本功的训练，提高学生的实战能力和比赛水平也是教学的重点之一。通过模拟比赛的情境，让学生分组进行练习，提高学生的技能和策略意识。同时，在比赛中注重团队协作，培养学生的团队合作精神，激发学生的学习热情和兴趣。

总之,教学是因材施教的过程,只有了解学生的差异因素并注重个性化和细节教学,才能真正培养每个学生的技能和才能。在保证规范化的前提下,提高学生的实战能力和比赛水平,也应当成为教学的一大重点。

3. 专门性知觉优先发展原则

在羽毛球运动中,环境因素是一个至关重要的方面具体包括球、同伴、场地和器材等。要成为一名高水平的羽毛球运动员,需要通过专门性知觉的发展来感知羽毛球运动的环境和器材,以更好地掌握和应对这些环境因素。

在羽毛球教学中,学生需要发展手指和手腕对球的控制能力,以帮助其在学习开始时就对羽毛球有一个全面且直观的认识,这种控制能力是通过大量的练习和实践获得的。在课堂和比赛训练中,应让学生通过不断的练习来提高对羽毛球的掌控能力,以帮助学生更好地适应和掌握环境因素,从而提高技能水平和竞技能力。

在羽毛球教学过程中,教师应注重让学生熟悉"球性"的练习,其包括了解球的速度、方向、旋转和高度等因素,以帮助学生更好地适应和掌握环境因素。同时,教师需要结合羽毛球运动的实际特点,选用最适宜的训练器材和最佳的训练方法,在适当的时间段组织相应的训练,以确保技术动作的正确掌握。在训练过程中,教师应鼓励学生积极参与,提供实际反馈,并为学生提供个性化的指导和建议,帮助他们更好地掌握技巧,提高技能水平。

4. 多样性与综合性原则

羽毛球运动的特点显而易见,它是一项综合性和多样性极强的运动,技能的涵盖面非常广泛,包括高空球、低平球、发球、接发球、击杀、防守等方面。因此在羽毛球教学中,应注重全面而综合地掌握技能,提高学生的水平。

同时,在羽毛球教学中,战术的应变性也很重要。毫无疑问,比赛具有对抗性,场上的情况时刻都在发生变化,因此在教学的过程中,必须教会学生如何在不同情况下进行策略的调整和应对。例如,当被对手压制时,应该如何破解对手的压制并反击,让对手陷入步步为营的困境。

进一步讲,羽毛球教学的内容也应该具有一定的思想性和策略意识。学生要有独立思考和解决问题的能力,在比赛中要养成分析、策略性思考的习惯,以便应对极具挑战性的场面和意外情况。

最后,对于竞技性和游戏性这两个方面,学生应该具有正确的竞技精神和合理的游戏心态。羽毛球比赛是一种竞争性极强的比赛，比赛的胜负不仅仅取决于个人的技巧水平和状态，还有精神层面的表现，比如要有努力拼搏的精神、对非常规心态的把握、团队协作的力量等。而在游戏性方面，学生也应该主动参与、积极沟通，并采取积极而健康的态度，既要享受游戏的过程，更要体会其中的感受和乐趣。

5. 少而精与实效性原则

在羽毛球教学中，贯彻少而精与实效性原则意味着教师需要着重关注主要的矛盾点，并精简教学方法以提高教学的效率。实践中，教师应该具备以下方面：

（1）强调羽毛球基本功和主要技术教学，突出教学重点，让学生在掌握基本技术的同时能够提高技术运用能力。

（2）注重实践训练，讲究精讲多练，使教学内容简明易懂，让学生更多地进行实践练习。

（3）确立教学目标，达成教学效果。教学过程中需要确立明确的教学目标，并具体到每个学期、单元和每一节课。

除此之外，教师应该认识到检查和评估教学效果的重要性，及时完善教学方法以提高教学效果。

# 第二章　现代羽毛球运动训练的基本原理

## 第一节　羽毛球运动训练的身心基础

羽毛球运动训练是基于一定的基础原理的，具体包括生理学基础和心理学基础。

### 一、羽毛球运动训练中的生理学基础

#### （一）羽毛球运动训练与激素调节

在羽毛球运动员训练的过程中，其身体内所分泌的激素对其身体功能和代谢变化有着重要的影响。具体来讲，羽毛球训练过程中，激素对羽毛球运动员身体的调节机制体现在以下方面：

第一，增强能量储备。交感肾上腺系统、胰高血糖素作用于糖原分解和脂肪水解，胰岛素对葡萄糖跨膜转运后，就会增强能量储备。其中，在羽毛球运动员身体细胞氧化的过程中，甲状腺激素发挥着重要的调解作用；而在糖异生过程中，糖皮质激素、胰高血糖素发挥着重要的促进作用。

第二，促进蛋白质的合成与分解。在羽毛球运动员训练后的恢复阶段，胰岛素、甲状腺激素、生长激素等激素参与诱导结构蛋白质的合成，使运动员摆脱疲劳，恢复状态。当然，有激素能促进蛋白质合成就有激素促进蛋白质分解，这种激素就是糖皮质激素，它可以促进肝外蛋白质降解。

第三，调解免疫功能。在羽毛球训练中，性激素、甲状腺激素、胸腺、交感—肾上腺系统、垂体—肾上腺皮质系统等对运动员的免疫系统具有显著的调解作用。

#### （二）羽毛球运动训练与供能系统

1. 羽毛球运动训练与有氧代谢供能系统

有氧代谢是指在氧气充足的情况下，通过糖、蛋白质和脂肪分解的过程，生

成二氧化碳和水，产生能量供身体使用的代谢过程。对于羽毛球运动员来说，有氧代谢能力的提高是十分重要的，因为羽毛球比赛中，每一局都有很高的强度和快速的追逐、蹲跳等动作，这些动作会大量消耗运动员的能量。

有氧代谢过程分为细胞质内反应阶段和线粒体内反应阶段。在细胞质内反应阶段，糖原和葡萄糖被分解成丙酮酸，通过糖酵解产生少量的 ATP（三磷酸腺苷），而在线粒体内反应阶段，则是将丙酮酸与氧气进行反应，产生大量的 ATP 和水。

在进行羽毛球训练时，ATP 合成速率决定了代谢供能的输出功率。而 ATP 合成速率又受到心率和氧耗的影响。因此，在训练过程中需要通过有氧训练来提高心肺功能，使心肺系统能够更好地将氧气输送到身体各部位，提高氧耗能力。

除了有氧代谢能力的提高外，运动员在训练中各个供能系统之间也需要相互配合。羽毛球比赛中，不仅仅需要有长时间的耐力表现，还需要有爆发力和速度表现。因此，在羽毛球训练中，需要综合运用各种训练方法和设备，调节不同的供能系统。比如，在力量训练中使用较重的器械来提高肌肉的力量和耐力；在耐力训练中则需要进行长时间、低强度的有氧运动，如长跑、游泳等，以提高心肺功能和有氧代谢能力。

2. 羽毛球运动训练与磷酸原供能系统

磷酸原系统是由 ATP 和 CP（磷酸肌酸）两种高能磷化物组成的能量供应系统。该系统的特点是绝对值较小、持续时间不长、功能速度极快。在羽毛球训练中，该系统扮演着非常重要的角色。羽毛球训练的强度和内容会影响磷酸原储量的变化，而这也直接影响着运动员的表现。

磷酸原系统是瞬间能量供应系统，当运动强度较大的时候，会迅速分解 ATP 来为肌肉提供能量。这也意味着，随着训练的进行，磷酸原的储量会逐渐减少。因此，在训练前后应该注意供给足够的营养和充足的休息时间，以帮助肌肉恢复和重新储存磷酸原。

羽毛球训练并不会完全消耗磷酸原，它也会为磷酸原系统带来益处。羽毛球训练会促进 ATP 酶活性、提高 ATP 转换速率并增加肌肉输出功率，从而提升速度素质。此外，磷酸原系统也需要合理地使用，通过恰当的训练，能够提高骨骼肌磷酸原的储存能力。

羽毛球训练也会增加骨骼肌 CP 储量和影响骨骼肌内 ATP 储量。因此，在训练时应该注意降低训练负荷并加强保护骨骼肌的措施，以避免引起过度疲劳和肌肉拉伤等问题。对于高水平运动员来说，合理的训练计划和方法是非常重要的，通过不断的试验和实践，才能找到最适合自己的训练方法。

## 二、羽毛球运动训练中的心理学基础

### （一）羽毛球运动训练与运动员心理发展

羽毛球训练不仅有着生理学基础，也有着一定的心理学基础。羽毛球运动员的心理与羽毛球训练之间有着显著的影响关系，这种影响并不是单项的，而是双向的，即运动员的心理发展水平和羽毛球训练的心理促进功能相互依存、相互影响，并且构成了羽毛球训练的心理学基础。

第一，运动员的心理发展水平对羽毛球运动训练有着重要的影响作用，具体表现为影响羽毛球运动训练的目标、内容、方法、选择等，要求羽毛球运动训练必须要符合运动员的性别、年龄、心理特征等，不能不考虑运动员的心理水平而随意开展。

第二，运动员参与羽毛球运动训练时的心理动力、意志力、注意力、情绪等，对他们参与训练或竞赛的投入程度、坚持性以及结果等有着直接的影响。羽毛球运动的专项性特点，使得羽毛球训练对运动员的心理发展发挥着特殊的影响作用，具体表现为对运动员的运动感知、思维敏捷性、反应速度、动作技能、意志力、专注力、情绪以及个性等有着显著的影响作用，而且对运动员的心理和行为的发展也有着重要的价值。

所以，羽毛球运动训练要全面考虑运动员的心理特点，并在此基础上有计划、有目的地组织和开展训练，进而促进运动员的身体、心理、技术等朝着预定的良好方向发展，同时推动羽毛球运动训练目标的实现。

### （二）羽毛球运动员的心理特征

1. 认知心理特征

在运动员参与羽毛球运动的过程中，其所有的活动都要在一定的场地上进行，所有技术和战术的运用都要受到竞赛规则的制约，而且要与对手进行接触，相互抗衡，所面临的比赛情况更是复杂多变。这种情况下就对羽毛球运动员提出了一定的要求，即要求运动员运用各项技术和战术完成各种行动，对自己的注意力进行有效集中、分配和转移，通过自身的感觉器官来有效感知人、拍和球与场地的共建关系，掌控自己的身体，准确判断场上瞬息万变的情况，预判对手的情况，精准把握时机，采取有效措施，迅速、准确调动自己的身体来完成各项技术动作。

所有的这些都需要羽毛球运动员具备准确感知的能力，包括空间感知能力、时间感知能力、运动感知能力等，也需要羽毛球运动员合理分配注意力，该集中注意力时要集中，需要转移注意力时要合理转移，同时需要羽毛球运动员具备敏捷和灵活的思维等。这些心理能力或心理品质，构成了羽毛球运动员的感知过程的心理特征、思维过程的心理特征和注意过程的心理品质。

2. 个性心理特征

个性心理特征源于羽毛球运动本身的特点以及专项运动特点，羽毛球运动对羽毛球运动员的个性心理也有一定的要求，具体包括运动员的精神运动特征、气质特征以及性格特征等。

（1）从精神运动特征的角度出发，羽毛球运动本身的特点，如活动结构、活动条件、训练竞赛等特点，对运动员心理活动的强度、稳定性、指向性以及表现方式等有着一定的要求。具体而言，要求羽毛球运动员具备高度的灵活性和很强的平衡性的神经过程。神经过程的强度决定着神经系统是否具备足够的耐力承受较强的、长时间的刺激，而神经过程的灵活性，也影响着羽毛球运动员多项能力的发展，是一些能力发展的基本条件，如在战术情况改变时迅速变换自己行动的能力、在同对手对抗过程中快速调整节奏和战术的能力等，这些能力的发展都以神经过程的灵活性为基础。

除此之外，羽毛球运动员速度能力的发展也受神经过程的灵活性的影响与制约，这种影响作用集中体现在运动的速度、感知运动反应的速度以及爆发性的动作中。与此同时，受神经过程的灵活性的影响，运动员快速进入紧张活动的能力也会得到发展。神经过程的平衡性，则确保了运动员在紧张的状况下以及在竞赛活动中能够做出适宜的反应并具有稳定性。所有的这些，都应该是羽毛球运动员所具备的能力，所以羽毛球运动员应具备高度的灵活性和平衡性的神经过程。

（2）从气质特征的角度出发，人的气质主要通过个体的精神运动体现出来，是人的精神运动特征在行为上的体现。根据羽毛球运动的精神运动特征，四种典型的气质类型都可以适应羽毛球运动的特点，而多血质和以多血质为主的或胆汁质或黏液质的中间型为最理想的羽毛球专项运动气质类型。

（3）从性格特征的角度出发，人的性格是一个人在面对现实时的态度或者在行为方式方面所体现出来的较为稳定的心理特征。羽毛球运动本身的特点，如运动的结构、运动的条件、训练比赛的特点等，对羽毛球运动员的性格特征提出了一定要求，或者说决定了羽毛球运动员所应具备的性格特征。

具体而言，羽毛球运动本身要求运动员在现实的态度方面应该具有独立性、主动性、事业心，在对待集体中的他人时要具有群体意识、集体精神、同情心、热情的态度等，对待自己时要具有谦虚的精神、自我批评的精神、自律性、自尊心等。除了对待现实的态度方面，在行为方式方面，羽毛球运动要求运动员具备群体意识、与他人合作的精神、丰富的学识、较强的理智性、稳定的情绪、独立性、积极性、自律性，同时要求运动员具备得体的行为、自立自强的精神、勇敢果断的品质和较强的攻击性等。

3. 情感与意志特征

羽毛球运动并不是没有情感的运动，而是承载着运动员丰富的情感，并且深受运动员情绪的制约和影响。运动员参加羽毛球比赛的主要目的是战胜对手，取得胜利。在比赛的过程中，运动员会遇到各种或主观或客观的变化条件，要进行快节奏、剧烈的运动，还要忍受身体的极度紧张和疲劳，所有的这些都会使运动员产生复杂的情绪，而这些复杂的情绪又会对运动员的水平发挥情况产生重要影响。

羽毛球运动员的情绪体验包含的内容非常多，具体有政治责任感、道德感、集体荣誉感等，而且情绪体验十分鲜明且非常强烈，情绪体验的性质极易发生变化。这也就需要羽毛球运动员在竞赛过程中保持良好的情绪状态，也就是使情绪处于稳定状态，同时需要羽毛球运动员具备良好的自我调控能力，这是保持情绪稳定的基础。总体而言，羽毛球运动员要具有纪律性、组织性、独立性，要具备沉着、勇敢、顽强、坚韧、果断、自信等品质。

当比赛中羽毛球运动员的速度、身体素质、技术水平相当的情况下，哪一方最终能够获胜，很大程度上有赖于运动员的意志品质。所以，在羽毛球运动训练过程中，一定要重视对运动员意志品质的培养和发展。

（三）羽毛球运动员的心理能力检测

羽毛球运动员的心理能力检测，是指运用心理学的技术和方法对运动员的心理能力进行测量与评定。

对运动员心理能力进行检测的意义巨大，具体表现在这些方面：根据对运动员心理能力检测的结果，可以有效预测运动员未来运动的表现和效果；对运动员的心理能力进行检测，可以充分了解运动员的个性特征，进而因材施教，实施科学的定向训练，获得最优化的训练过程和效果；对运动员的心理能力进行检测，能够深度挖掘运动员的内在潜力，并使这种潜力得到最大限度的发挥，进而高效完成训练或取得优异的比赛成绩。

1. 心理能力检测的具体内容

在科学训练和运动竞赛中对运动员心理能力的检测，通常包含以下方面：

（1）常规且长期的心理能力检测，具体包括运动员最初参与羽毛球运动时的心理能力检测，年度、季度和不同时期的心理能力检测，个别的运动能力的检测等。

（2）训练过程中的心理能力检测，具体包括不同训练阶段中的心理能力检测、训练效果的心理能力检测和训练过程中综合的心理能力检测。

（3）竞赛时的心理能力检测，具体包括竞赛前的心理能力检测和竞赛后的心理能力检测。

在对运动员的心理能力进行检测时，应当根据运动员参与训练或者竞赛的客观过程，依据客观化的指标，对运动员心理能力的形成、发展和变化等进行客观评定和比较。这种比较包含两个方面：①自身比较，即运动员不同时间、不同条件下心理能力的比较；②与其他运动员心理能力的比较。

2. 心理能力检测的指标与方法

在对运动员的心理能力进行检测时，要依据一定的指标和方法，这对于检测而言十分重要。但这种指标和方法并不固定，会因人、因时、因条件而异。

（1）运动心理检测的指标与方法，主要内容包括：①注意力集中与分配的检测；②反应能力的检测，包括简单与复杂反应、综合与局部反应等的检测；③运动感知觉能力的检测，包括速度感知、时空感知、用力感知等的检测；④运动表象和运动记忆的检测；⑤本体感知的检测，包括四肢对方位的感知、关节的灵敏度等的检测；⑥动作稳定性的检测；⑦思维能力的检测；⑧运动技能学习能力的检测；⑨身体能力的检测；⑩运动心理与智力的检测。

（2）生理心理检测的指标与方法，主要内容包括：①训练或竞赛的不同阶段的生理特点的检测，比如训练和竞赛中的心率、血压、内分泌等的检测；②疲劳与恢复的心理特点的检测；③运动状态的检测。

（3）社会心理检测的指标与方法，主要内容包括：①心理状态的检测、心理能力的检测；②个性特征的检测；③意识倾向性的检测，包括运动动机和运动态度等的检测。

## 第二节　羽毛球运动训练的原则要领

"羽毛球运动作为一项可接受性强、上手快、没有激烈的身体对抗而且受场地限制较小的运动，深受来自不同年龄、性别和不同阶层人们的喜爱。"[①] 羽毛球运动训练绝不可任意进行，而应遵循一定的原则，这样训练才会有效。同时，在训练过程中也要注意一些特殊事项，这样可以确保训练科学、高效、安全地进行。

### 一、羽毛球运动训练的基本原则

**（一）自觉性原则**

自觉性原则是羽毛球运动员首先应遵循的基本原则，只有在羽毛球训练中切实贯彻自觉性原则，才能更快地掌握一些高难度技术。

在教与学的过程中，教练员的教授是外因，运动员自觉性的学习是内因，基于内因和外因才能发挥作用。所以，羽毛球教练员必须激发运动员的自觉主动性，让运动员充满激情地进行练习，这样才能促使运动员掌握基本的羽毛球技能，在将来的比赛中有优异的表现。

**（二）适时恢复原则**

适时恢复原则是羽毛球训练中不可或缺的一项原则，具体是指消除运动员的运动疲劳，同时通过生物适应恢复体能，提高机体能力的一种训练原则。

羽毛球运动是一项激烈且消耗体能的运动，当运动员感到疲劳时，教练员应该按照一定的计划，适时安排恢复性训练，采用有效的方法，促使运动员快速恢复体力，同时提高身体机能。

**（三）周期性原则**

羽毛球训练的内容、方法和手段等在长期的训练过程中，并不是一直在更新，而是会反复使用，尤其是一些有效的内容、方法和手段，会在训练过程中重复使用。所以，在羽毛球运动的训练过程中，教练员应遵循周期性原则，使运动员在这种周而复始的训练中不断发展，逐步提升技能。

---

① 赵永兴.浅谈羽毛球运动与健康[J].拳击与格斗，2020（2）：104.

### (四)系统的不间断性原则

系统的不间断性原则,是指运动员在参与羽毛球技能训练时,应系统地、不间断地进行训练。换言之,运动员不能只训练进攻技术,而忽视防守技术的训练,应进行全面训练同时不能间断,全面提高技术能力。如果缺少其中任何一项,就要加以弥补,使训练具有系统性。

为了确保训练的系统性和不间断性,教练员也应当将训练的组织形式连接起来,形成系统。现在,羽毛球训练一般都有规定的训练内容、时间和任务等,对此教练员应当认真钻研训练大纲,将各个训练有机地连接起来,为取得最佳的训练效果做准备。

### (五)循序渐进原则

做任何事情都要遵循循序渐进原则,羽毛球训练也不例外。具体而言,无论是羽毛球训练的内容、方法和手段等,都应该由易到难逐步深入,即训练内容应从基础技术逐步扩展到综合战术,教学方法由基础到多元,教学手段由简单到复杂,循序渐进,层层深入。

## 二、羽毛球运动训练的要领分析

### (一)注重长期系统科学训练

任何成就的获得都不是一蹴而就的,都经历了漫长的历练,羽毛球训练也是如此。优异的羽毛球运动成绩都是经过多年持续的系统训练,依靠良好的身体素质和科学的技术、战术而取得的。如果训练不当,就不可能掌握和完善技术动作、发展和提高身体素质。即使拥有了良好的身体素质和过硬的技术,但训练总是断断续续,也会使原本所拥有的身体素质和技术逐渐消退。

羽毛球训练的目的十分明确,即发展运动员的身体素质,提高运动的技战术,提升运动员的心理素质,而所有的这些都必须经过持续的、系统的、科学的训练才能获得。为了使羽毛球训练更具目的性、系统性和步骤性,也为了有效发展运动员的各项素质和能力,教练员在训练过程中要务必重视训练的系统性与科学性,处理好各项技术之间、训练与比赛之间、训练与身体素质之间等的关系,使训练更加科学合理。

### (二)技术训练带有战术意识

技术和战术是相辅相成、相配合的,只运用技术而不讲究战术,或者只具有战术意识而没有技术,都不可能取得比赛的胜利,只有将二者相互结合,即在基本基础上技术带有战术意识，才能发挥更大威力，完成比赛任务，取得最终的胜利。对此，教练员在羽毛球训练中不仅要让运动员掌握技术动作，而且要让运动员学会在训练或者竞赛中有效使用这些技术，也就是具有战术意识，让战术意识贯穿于技术练习的始终。

具体来讲，就是让运动员明确技术的操作方法，同时掌握运用基本技术的方法，将技术训练和战术意识紧密结合、齐驱并驾，增强进攻、防守、灵活调整战术的意识，从而使训练更加高效。切忌技术训练与实战运用相分离，只掌握了技术动作而不懂得如何在训练和比赛中实际运用，那么技术动作将无法发挥其应有的作用，在训练和比赛中也不会取得好的效果。

### （三）正确掌握技战术的要领

如果没能掌握正确的技战术要领，那么在赛场上只会落于下风。所以，竞技羽毛球训练比较严格，要使运动员掌握正确的、全面的技战术，从而提高运动员的竞技水平。具体而言，在进行羽毛球训练时，要确保基本技战术的规范性，掌握正确的技战术要领。掌握了正确的技战术要领，击球时会更加有力，还能节省体能，又能避免运动损伤，同时体验到动作流畅、正确姿势带来的良好感受。反之，如果所学习和掌握的技战术不准确，击球时就会没有力度，而且动作不规范，极易产生运动损伤。

对此，在羽毛球训练中，教练员一定要对技战术的准确性加以注意，确保运动员所学习和掌握的技战术的准确性，一旦发现运动员的动作不规范或技战术不准确，应及时提醒和纠正，同时不断改进和完善技战术，确保运动员掌握准确的技战术和不断提高技战术水平。

### （四）注重兴趣的培养

兴趣是最好的老师，兴趣是人积极行动的内在推动力，是使人保持长期注意力、自觉性、主动性的内在因素。对于羽毛球训练也是如此，兴趣也是羽毛球训练的重要因素，影响着训练的最终效果。所以，在羽毛球训练中，教练员应注意培养运动员的兴趣，让运动员愿意持续、主动、积极地进行练习。具体而言，教师可以采用以下方法来培养学生的兴趣：

第一，教练员要向运动员展示正确、规范、轻快、优美的技术动作，让运动员直观感受羽毛球运动技术，让运动员对羽毛球运动形成一个准确、良好的印象，进而提高运动员的兴趣，激发运动员学习的积极性。

第二，教学方法、组织形式要具有多样性，这样可以缓解训练的枯燥性，让运动员更愿意训练，让训练更有乐趣。具体而言，教练员可以安排不同水平的运动员相互联系，可以组织固定或不固定线路的练习，可以安排重复练习，让运动员集中注意力，熟练掌握技术，积极进行练习，不会因为训练枯燥单调而放弃训练。

## 第三节　羽毛球运动训练的方法规律

### 一、羽毛球运动训练的一般方法

#### （一）变换训练法

羽毛球运动训练或者比赛中情况是瞬息万变的，对抗过程十分激烈，比赛过程异常复杂，这就要求运动员的神经系统十分灵活，运动技术和战术要随时变换，这样才能适应不断变化的训练和比赛情况，这也就要求在羽毛球运动训练过程中采用变换训练法。

变换训练法，是指对训练内容、训练形式、训练条件以及运动负荷等进行适当变换，以使训练更具趣味性、灵活性，进而激发运动员训练的积极性，培养运动员的应变能力，提高运动员的技战术水平。具体而言，变换训练内容，可以避免训练内容的单一性，增强训练的系统性，协调发展运动员的身体素质、运动技术和运动战术；变换训练形式，可以增强训练的趣味性，使运动员积极参与训练；变换运动负荷，可以使机体产生与有关运动项目相匹配的适应性，从而提高运动员承受专项比赛的能力。

#### （二）重复训练法

重复训练法是一种常用的羽毛球训练方法，具体是指对同一动作进行多次重复练习，并且在两次（组）练习之间安排相对充分的休息时间。需要注意，在采用重复训练法时，要注意其中的休息时间，这是重复训练法的重要内容，即在单次（组）练习的负荷量、负荷强度及每两次（组）练习之间要有合理的休息时间。

#### （三）比赛训练法

比赛训练法也是羽毛球训练中常用的且效果显著的一种训练方法。比赛训练法就是模拟类似或真实的比赛条件或情境，依照比赛的规则进行训练的方法。这种训练方法有着显著的训练效果，因为羽毛球运动需要运动员相互对抗，采用这种方法不仅可以使运动员了解基本的比赛规则和方式，还能让运动员有将所学习的技战术运用于实践的机会，培养应变能力，全面提升技术水平。

（四）完整训练法

羽毛球运动训练不仅有分解训练法，还有完整训练法。完整训练法是指从技术动作或战术配合的开始到结束，不分部分和环节，完整地进行练习的训练方法，其有助于运动员认识和掌握各项技术和战术各部分之间的内在联系。

（五）分解训练法

要想运动员切实掌握完整的技术动作和战术动作，就要将动作进行分解，使运动员详细了解和掌握每一个动作要领，这就需要采用分解训练法进行训练。

分解训练法就是将一套完整的技术动作或战术动作分成若干个环节，然后对这些环节分别展开训练。这种方法的优点有两个：①可以加强技术动作和战术意识的训练；②可以使训练更有针对性，更有效率。

分解训练法有其自身的适用范围，一般适用于技术动作和战术配合过程较为复杂、不易掌握且可以分解的情况。

## 二、羽毛球技战术训练的方法

（一）羽毛球技术训练的方法

1. 初步掌握运动技能阶段的教学训练方法

在初步掌握运动技能阶段，羽毛球训练的主要任务是使运动员对运动技能形成初步的概念，并且掌握基本的运动技能，此时常采用的方法包括分解训练法、重复训练法和完整训练法。

2. 完善提高运动技能阶段的教学训练方法

在完善运动技能阶段，运动员需要在初步掌握运动技能阶段的基础上不断巩固、完善和提高，此时常采用的训练方法有重复训练法和完整训练法。通过此阶段的训练，运动员不仅能够更加深入地了解动作的要求和完成方法，还是有培养协调身体肌肉群合理用力的作用，进而使训练达到更好的效果。

（二）羽毛球战术训练的方法

羽毛球运动是一项对抗性非常强的体育运动项目。在羽毛球比赛中，无论是单打还是双打，运动员只有具备较强的战术意识，才能充分发挥自己的战术水平，从而赢得更多分数，取得比赛的胜利。

1. 固定与半固定战术的训练方法

（1）固定战术的训练方法。固定战术训练方法是指把几项基本技术根据战术要求组织起来,按固定线路反复练习。在固定战术训练中,球路基本是固定的,而且要进行反复练习,所以能有效提升动作的连贯性和击球的质量,进而形成不同的球路。

(2)半固定战术的训练方法。在固定战术训练方法的基础上又发展出了半固定战术训练方法,这种训练方法对基本的战术组合有固定的要求,但对击球路线没有固定的要求,这样可以使训练更接近于真实比赛。

2. 多人陪练与实战练习的训练方法

(1)多人战术陪练的训练方法。多人战术陪练训练方法就是采用多人陪练,一般是两人以上的陪练,从而增强运动员的技战术水平、攻防速度和运动负荷。多人战术陪练训练方法一般包含:①二一式前后站位陪练法;②二一式对攻陪练法;③三二式前后站位陪练法。

(2)实战练习比赛的训练方法。实战练习比赛训练方法就是采用类似实际比赛的方式,要求运动员运用所掌握的技战术,以计分或不计分的方式进行训练的一种方法。这种训练方法可有效训练运动员的适应能力、反应能力和灵活性。

## 三、羽毛球比赛制胜的规律及其能力训练方法

### (一)羽毛球比赛制胜规律的分析

制胜规律是指在基于一定的竞赛规则,运动员在竞赛中对抗对手、战胜对手并取得优异成绩所遵循的规则。制胜规律包含两个方面的内容:①制胜因素,包括技战术因素、心理因素、体能因素等,这些因素对运动成绩有着直接的影响;②制胜因素之间的内在联系。

1. 基本功决定水平层次

打好羽毛球必须要掌握两大基本功:一是手法,二是步法。基于这两大基本功,又划分出来众多击球方式、各种线路的差别以及不同的步法。羽毛球运动员必须掌握基本的手法和步法,才能拥有扎实的功底,并凭借扎实的功底在比赛场上和对手一决高下。

2. 心理因素决定控制力

心理因素对于任何运动的作用都是不言而喻的,其在羽毛球的制胜规律中发挥着重要的作用。运动员在赛场上能否获胜,心理因素的稳定程度以及对心理变化的控制和调节能力发挥着关键性作用。如果运动员的心理素质比较差,对方的一个动作、逼人的气势,都可能使其心理受到冲击,进而产生无畏的失误,在关

键之处丢掉获胜的机会。

良好的心理素质应该有坚定的自信心，有强烈的求知欲，有勇敢拼搏的精神，有突破逆境的勇气。所以，在羽毛球训练中，应锻炼和培养运动员拥有良好的心理素质，让他们不仅具有扎实的技术功底，更具有强大的心理素质。

3. 得分特点决定冲击力

得分特点是指羽毛球运动员依靠什么技术手段和方式去战胜对手，如有力的进攻、稳健和全面的防守，或者两者兼有。每名羽毛球运动员都不能完美而精准地掌握每一个环节，但每名运动员都有一项或几项拿手的技术，这些独有的技术特点，成为他们在竞赛中的制胜法宝，也是其他运动员所无法超越的。

4. 体能在制胜中的作用

相信体能之于羽毛球运动的重要作用是任何人都不会怀疑的。体能指的是人体各器官系统的技能，包括力量、速度、灵敏性、耐力和柔韧性等基本身体素质以及走、跑、跳等基本活动能力。羽毛球运动需要运动员具有一定的力量、灵活的速度、持久的耐力。羽毛球运动技术细腻多样，组合活动的形式、强度和持续的时间也各不相同，但所有技战术的正常发挥都必须有足够的体能作为保证，因此体能是影响羽毛球成绩的关键因素之一。

5. 耐力、注意力与自信心决定胜负

羽毛球运动是一项对抗性运动，是需要持续进行发挥才能取胜的运动，其需要运动员具有极强的耐力、集中的注意力和坚定的自信心等优良品质。羽毛球运动员需要极强的耐力，耐力强调的不只有体力，还有心理上对比赛的持久程度，也就是体力和心理对比赛中各种情况的承受能力。

羽毛球运动员需要高度集中注意力，也就是在比赛中达到忘我的境界，而且要贯穿比赛的始终。如果在比赛时精神不能集中，那么将不能及时关注比赛中的各种状况，也将无法及时做出应对策略。羽毛球运动员还需要具有坚定的自信心，自信心是羽毛球运动员的灵魂支柱。

（二）羽毛球比赛制胜能力的训练方法

在提升羽毛球综合水平之前，首先要学习和掌握羽毛球项目的各单项技术，因为只有学好了各单项技术，才能为羽毛球技术水平的进一步提高奠定基础。而羽毛球技术水平较高的运动员，要想获得进一步发展或取得更好的成绩，就要狠抓得分手段，发现适合自己的单项技术，并不断锻炼，使之进化，成为自己的特征技术，也就是得分手段。

羽毛球运动员，必须练就一两项独特技能，也就是要有自己的"绝活"，这样不仅可以丰富自己的打法，也能给对手制造压力，最终在比赛中取得优异成绩。对此，在羽毛球训练中，要根据运动员的个人特点来制定相应的训练任务和内容，进而发展运动员的特长技术，使其在比赛中发挥优势，获得胜利。

1. 比赛前的适当调整

羽毛球比赛的过程十分重要，但实际上比赛前的阶段也不能忽视。具体而言，比赛前要进行适当调整。通常，比赛前的调整包含以下方面：

（1）调整训练计划。在比赛之前，基本在前一周时间，需要采用各种方法使运动员对自己的球技有信心、对比赛本身感兴趣且处于兴奋状态，一般表现为愿意积极训练，对比赛有渴望之情。同时，在赛前的训练中，要适当安排一些比赛内容，但规模不宜过大，时长不宜太长，强度不宜过大，以激发斗志为目的。

（2）调整身体状态。调整身体状态具体包含三个方面：①保持昂扬的斗志和求胜的欲望，这取决于运动员身体状态的好坏，所以在训练的过程中要注意对量的掌控；②注意运动员的休息情况，只有休息得当，才能持续保持积极的斗志，在比赛中才能最大限度地发挥自身潜力；③注意对运动员心理状态的调整，即强化运动员的自信心，教练员在赛前要激发运动员的自信心，让运动员相信自己是最好的、最强的运动员，让运动员有取得比赛胜利的决心和信心。

具体来说，教练员要在比赛前的训练中锻炼运动员的特征技术，增强他们的信心；帮助运动员发现对手的劣势，在心理上形成对对手的优势；采用各种方法消除运动员心中影响比赛的杂念，让运动员全面投入比赛中；帮助运动员掌控情绪，使运动员以一种稳定的心态应对比赛。

2. 掌握取胜的主动权

在比赛中掌握取胜的主动权十分重要，具体可以从以下方面入手：

（1）有坚定的信念，始终相信自己，强化拼搏精神，将所有的注意力和精力都放在比赛上。比赛中，可怕的不是自己技术弱，而是思想上对自己的能力产生怀疑。一旦出现这种情况，那么本身所具备的能力将无法得到有效发挥，潜力也得不到挖掘。当在比赛中一旦发现有自我怀疑的情况，就要及时做出调整，对自己进行心理暗示，从而调整局面，扭转局势。

（2）善于发现对手在技术上的弱点和短处，进而根据对手的比赛状况调整战略战术，让自己始终保持优势。

（3）在比赛中，无论处于领先地位还是落后地位，在心理上都要自信，占据心理优势，同时调整技术动作，获取比赛主动权。

3. 比赛后的赛况复盘

比赛的完成并不代表比赛的结束，在比赛完成之后还需要对本场比赛的情况进行总结，从而为下一次比赛做好准备。这一环节对教练员的要求很高，要求其准备工作既要准确又要细致。

（1）帮助运动员从技战术的角度分析取得比赛或输掉比赛的原因，让他们在清楚了原因之后，在接下来的训练中反复训练得分手段，从而建立自信、发展强项，为接下来的比赛奠定良好的基础。

（2）帮助运动员分析比赛中比较薄弱的环节，促使他们在今后的训练中加强锻炼。

（3）强化心理素质，让运动员明白在比赛中无论领先还是落后，都要全身心投入，不去计较结果。

（4）培养运动员的求胜欲望，比赛结束后要多鼓励他们，让他们面对今后的每一场比赛时都能精神抖擞、斗志昂扬。

## 第四节　羽毛球运动打法的训练与培养

### 一、羽毛球运动打法的训练基础

#### （一）羽毛球运动打法的概念

"随着现代社会经济的进一步深入发展，人们越来越重视自身物质和精神生活的满足。通过羽毛球运动能够提升人们的身体素养，同时也能改善人们对羽毛球运动的认识。羽毛球运动的训练需要人们不断创新和提升其训练的方法和思路，以此进一步提升羽毛球训练的效果。"[1]

羽毛球是一项技术含量极高的运动项目，各国优秀选手在比赛中掌握全面技术的同时，也具有明显的个人特长，形成了多种不同的打法。这些打法的形成，是因为运动员根据自身的特点和外界的影响，将相对固定或重复出现的技术、战术运用的组合方式进行了适应性变化和发展。

---

[1] 黄毅. 羽毛球运动训练中的多球训练技巧探析 [J]. 文体用品与科技，2022，21（21）：70.

目前，世界羽毛球运动正朝着快速、进攻、全面、多变、多拍的趋势发展。这意味着过去单一的打法已经不能满足当今比赛的要求，而各种新的技术和战术也在不断涌现，这些都要求运动员和教练员需要具备更加全面、深入的羽毛球知识和技能。

对于教练员来说，培养和训练运动员的打法，以加强运动员在国际羽坛上的竞争优势是非常关键的。教练员需要了解每个运动员的特点和潜力，根据这些因素来确定最适合的打法类型。此外，教练员要始终把握羽毛球运动的趋势，利用新的技术和战术进行训练，使运动员的打法适应这种发展趋势。

需要注意的是，羽毛球的打法是由相对固定或重复出现的技术、战术运用的组合方式构成的。不同的比赛项目和其技术性质的特殊性，决定了各种打法的多样性和个体性。因此，运动员和教练员必须灵活掌握这些技术和战术，根据不同的比赛情况进行变化。同时，运动员和教练员要时刻关注世界羽毛球运动的发展趋势，利用新的技术和战术进行训练，保持自身和团队的竞争优势。

（二）羽毛球运动打法的形成

任何一种打法的形成，总是伴随着这一过程——从模仿到技术动作结构的建立，然后根据运动员各自的条件进行打法的构思设计，经过不断地实践和反复地检验，最后形成有某种特点的打法。

1. 自身条件

羽毛球运动员在比赛中选择合适的打法是取得胜利的关键。对于运动员来说，考虑体能、技术和心智因素是选择打法的基础。

首先，体能条件是运动员选择打法的重要因素。不同的体形、机能状态和素质状态影响着运动员的身体素质和能力水平。比如，身材高大的运动员身体强壮，肌肉力量比较突出，适合利用自己的身高优势，在场上给对手造成压力。另外，状态是打法选择的关键，一个最佳状态下的运动员可能更加善于拦网和扑球，而身体状况不好的运动员在比赛中需要迸发更多的爆发力来投入到比赛中。

其次，技术条件也是影响打法选择的重要因素。技术掌握程度和运用能力是运动员在比赛中的表现关键。技巧的掌握决定了运动员在比赛中的发挥水平。例如，若运动员掌握了好的正手发力技巧，则可以适应进攻型的打法，同时在比赛中取得胜利。技术特点决定了运动员比赛中的得分方法和攻守状态，因此，运动员要做到技术娴熟，才能选择合适的打法来获取优势。

最后，心智条件也是影响选择打法的重要因素，包括兴趣、信念、能力、性格、气质等多方面的因素。在心理上坚定、有足够的信念并对自己充满信心的运动员，可以推迟自身的疲劳、降低对手的比赛态度，取得领先优势。同时，运动员的精神特点也会影响打法选择，有些运动员的性格天生较为激进，喜欢进攻，适合进攻打法，而有些人的注意力和反应较强，喜欢防守，并适合用精细的控球技巧表现自己。又如，头脑灵活、思维敏捷和控制动作能力强的运动员适合采用变速突击打法，可以灵活应对对方的各种攻势，使得自己的反击之路更加畅通。

2. 教育因素

运动员在训练中需要通过各种表象、感性的认识和认知学习，以便更好地掌握和提高运动知识。直观教育是一种非常有效的教育方式，在教学中，运动员可以通过图解、战术演示、录像甚至观摩高水平运动员的训练和比赛来获取直观教育。

在这个过程中，直观教育可以快速帮助运动员学习运动技能，并将其应用到实践中。例如，通过战术演示了解其中的技巧，同时将其应用到实战中，并不断改进和提高。这种直观教育的方式不仅提高了运动员的运动能力，也使其更好地认识自身的优势和局限性。

同时，运动员在训练和比赛中也经常会面临失败和胜利。思想教育的目的是引导运动员正确地处理这些胜利和失败，并培养其进行自我分析和评价的能力。通过客观、正确的分析，运动员可以更好地把握比赛的关键点和问题，从而在后续的训练和比赛中取得更好的效果。

最后，文化教育也是非常重要的一种教育形式。运动员可以通过学习科学文化知识和辩证思维，提高自我控制能力和适应能力。这样的文化教育不仅在加速打法形成的过程中起到积极的作用，也可以帮助运动员在日常训练和比赛中更好地应对各种复杂的情况。

3. 教练员的培养

一个成功打法的形成除了运动员本身的努力钻研外，教练员的主导作用是很关键的。教练员必须根据运动员的不同训练阶段、不同的自身条件，在贯彻其技术风格的前提下培养运动员的打法。

（三）羽毛球运动打法的设计

运动员的打法在其个人条件的基础上形成，而正确的教学与训练可以让运动员对其个人条件有更好的认知，从而扬长避短，并形成最佳组合的理想打法。因此，打法的设计目的是让运动员发挥优势。

打法的构思与设计是一项重要且复杂的工作。首先,教练需要对运动员的身体素质、技能水平、个人特点以及对手的技战术进行全面的分析,以此为基础,设计出一套综合性的打法;其次,教练需要时刻关注运动员的变化,不断调整、完善打法,从而更好地适应赛场上的各种情况。

即便对达到一定水平的运动员来说,打法的构思与设计也是一个不断调整与进化的过程。在培养过程中,教练需要时刻关注运动员的成长与变化,并有针对性地调整和优化打法,从而让运动员的打法更加适合其个人条件,并发挥出最佳水平。

1. 打法的设计应符合运动员个人条件

作为一名教练员,要设计符合运动员个人条件的打法,就必须充分了解运动员的个人能力。个人能力主要包括技术和战术竞技能力、身体竞技能力、心理智力和思想作风竞技能力,其中技术和战术竞技能力应该是最直接影响运动员打法的个人能力。

教练员在进行训练前需要诊断运动员的现状,包括个人能力和目前技能状况,并对现有条件的可行性及各种条件发展的可能性进行预测性的综合分析。而现有条件的可行性包括了每个运动员遗传因素的影响和所具备的基础技能,必须具备一定条件才能培养和形成某种打法。

在培养运动员的打法时,教练员需要分析哪种个人条件更有可塑性和发展可能,这样的分析需要考虑改变运动员先天因素影响的条件和发展优势条件。例如,运动员虽然不具备高超天赋的身体能力,但是可以通过训练改善。此外,教练员也需要根据场上情况及对手的情况进行变化,以使运动员能够更有效地对抗对手。

不同的运动员有不同的个人条件与能力,因此,教练员要针对不同的运动员制定不同的训练计划,以达到最佳训练效果。在制订计划时,教练员应该注重实践和经验总结,不断调整训练方法和时间,以逐渐提高运动员的技术和战术能力。另外,教练员应该注重心理辅导,帮助运动员克服比赛中的心理压力,并保持良好的思想作风。

2. 打法的设计应符合发展要求

在羽毛球运动中,设计、培养和形成一套适合运动员的打法是非常重要的。然而,这些都需要一个指导思想和技术风格的要求来保证质量。速度作为基础、进攻作为方向、全面作为实体是一种被广泛应用的打法设计理念,这种理念着重于运用运动员快速、直接的进攻方式来打击对手,同时避免进攻中的盲目冲动,要有全面的策略布置和合理分工。

教练员在设计和培养球队打法时，需要全面、正确地贯彻技术风格要求，这要求教练员了解世界羽毛球技战术发展的趋势以及技术风格。只有这样，才能因人而异地去贯彻落实，既满足整体战术需求又考虑到每个球员的特点。

在打法设计中一定要以速度为基础、进攻为方向、全面为实体。

（1）速度为基础。

近年来，羽毛球技术打法已向更加快速的方向发展。变速和快攻成为快速打法的基本特点之一。变速打法是指在打球过程中突然加速，抢点进攻并且限制对方速度，有效发挥自身优势。在快速打法的基础上，快攻又是通过跳击加速或打出高速球，使对手来不及反应，提高出击效率。

针对快速打法，训练目标应当考虑运动员的承受能力和表现特点。训练中应该注重基本技能的培养，提高运动员的拍法质量和稳定性，以便更好地发挥快速打法的效果。同时，应该逐渐增加训练强度和频率，增强运动员的体能水平。由于快速打法需要高强度的身体消耗，因此训练中必须注意身体素质的训练，同时注意防止运动损伤。

在个人条件不同的情况下，发挥快速能力的方式也有所不同。针对速度快、爆发力强的运动员，应采用贴网、抢分的打法，使用快速变线、跳击等技术。针对身体灵活、爆发力较弱的运动员，应注重拍法技巧的培养，适时采取快攻的打法。

（2）进攻为方向。

羽毛球比赛中，进攻是一种非常重要的策略，其具有积极主动和杀伤力的特点，是快攻打法的重要组成部分。在比赛中，通过不断寻找对方的弱点，掌握变速、变化路线和落点的能力，以及熟练掌握个人擅长的技术，将有助于使进攻更加有效，从而占据比赛的主动。

为了确保进攻的效果，进攻方式和手段应该多样化。运动员应该善于寻找对方的弱点，将球击向对方最不擅长的方向，以期控制比赛节奏。除此之外，运动员还应该熟练掌握各种进攻技巧，如斜线进攻、直线进攻等等，使得对手难以应对，从而取得进攻优势。

考虑到进攻的重要性以及进攻技巧的不断进步和发展，未来进攻的发展趋势也值得关注。

一方面，新的技术和战术正在不断涌现，运动员们需要不断学习和适应新技术，以赢得比赛的优势。例如，采用更加迅速和突然的进攻手段，能够让对手无法预测和应对，从而快速得分。此外，统计数据的分析可以提供有关运动员和对手的进攻策略的具体信息，以及哪些领域可能需要改进。

另一方面，进攻打法的发展也需要根据运动员个人的特点和条件进行创新和发展。不同的运动员有不同的技术特点、身体素质、打法风格和竞技经验，进攻策略和手段应该根据运动员各自的情况进行调整和个性化的设计。此外，运动员要从平时的训练中不断摸索和积累进攻的经验和技巧，熟悉对手的特点，从而更好地应对比赛中的各种情况。

（3）全面为实体。

综合素质是评判运动员实力的重要依据。对于一个高水平的运动员来说，全面发展才能真正体现其实力，在技术方面，不仅仅需要掌握一些基本的进攻技术和防守技术，还要能够娴熟地运用不同的步法，能够在各种情况下快速调整身体和手部动作，适应比赛的节奏和场上的环境变化。

在战术方面，内容更加丰富，需要具备多样化的战术和临场应变能力。一名高水平的运动员不仅要熟练掌握常规战术，还需要能够随机应变，及时调整战术方案，切换打法，挖掘对手的弱点。因此，在比赛之前需要对对手的打法进行精细分析，根据对手的特点和弱点，有针对性地设计战术，并在比赛中不断进行调整和完善，以确保比赛的胜利。

针对个人的不同特点，需要根据其特长来设计个人的主攻打法，这是主打法背后的理念。在主打法下，辅助战术和配合性战术则显得尤为重要。运用辅助战术，常常能制造出多种反手进攻，额外增加胜算并打出出人意料的反击。而配合性战术，则是指与团队搭档的密切配合，通过互相协作，可以更好地利用自己的优势，产生良好的协同效应，从而取得比赛的胜利。

最后，建议运动员通过持久改变，不断提升综合素质，更重要的是培养出色的心理素质，对于在场上的情况做好充分的准备和能够应对各种特殊情况出现，面对各种压力和负面情绪时能够坦然面对，找到解决方式。这样的实力才是全面的，才是成功的基础和保障。所以，运动员们不仅要掌握各种技术和战术，还要在心理素质方面进行自我调节，在比赛中将综合素质完美呈现出来。

## 二、羽毛球运动打法的训练方法

### （一）多球训练法

羽毛球在我国非常受欢迎，它不但是一种竞技体育项目，更是人们日常非常喜爱的休闲运动项目。羽毛球运动具有较强的技术性，需要运动员掌握一定的技术才能脱颖而出，所以在开展羽毛球练习的过程中，应该采用科学、合理的训练方法，这样才能取得较好的成绩。羽毛球训练的方法多种多样，而教练员最常采用的一种训练方法是多球训练，并且从训练效果来看，也是一种切实可行的训练方法。

1. 多球训练法的基础知识

只有教练员了解和掌握多球训练法的基础知识，才能科学地进行多球训练法。该方法是教练员从一侧球场发出一定数量的球，并要求练习者击中教练所发出的球来达到练习效果的一种方法。

多球训练法的一个突出特点就在于"多"。在羽毛球技术训练中，多球训练法的使用频率是非常高的。这也是由羽毛球技术类型所决定的。常用的训练方法包括六种：一是高远球技术多球训练法；二是劈吊球技术多球训练法；三是平高球技术多球训练法；四是杀球技术多球训练法；五是网前挑球技术多球训练法；六是后场头顶区反手球技术多球训练法。

教练员在实际训练中为了提升运动员的技术水平，一般都会结合几种多球训练法进行练习，如要想培养球员的杀球技术和网球技术，就可以采用杀上网技术多球训练法；而针对刚开始训练的运动员，则以单一的多球训练方法为主；针对高阶层次的运动员，往往要结合多种训练方法进行。

2. 多球训练法的应用价值

只有正确认识多球训练法对于羽毛球技术提升的作用和价值，教练员才能重视多球训练法。多球训练法的应用价值主要体现在以下方面：

（1）多球训练发展是不断地练习动作进行来形成运动员的羽毛球技术动作表象，这也是规范动作的一个重要方法，能够促进运动员纠正不恰当的动作，并对技术动作予以定型化训练，这有助于运动员对技术动作要领予以掌握。

（2）通过多球训练后，可以让运动自如地掌握发球速度、发球时间和发球弧度等，有利于形成运动的条件性反射操作，对于其观察能力、行动能力和预判能力的提升都是非常有效的。而且多球训练经过长时间固定速度和弧度的练习，能让运动员形成正确的技术动作节奏，对于完善技术动作也具有积极的意义。

（3）多球训练法是一种循环、重复的练习方式，它对于提升运动员的各项身体素质也是有益处的。它能有效地提升运动员的耐力素质、灵敏素质、协调素质及力量素质等，而这些条件也会直接影响运动员的技术水平。羽毛球训练中的技术训练和身体素质训练是分开的,两者所需的训练时间都比较长。通过多球训练法,能够将两种训练结合起来,帮助运动员缩减训练时间,为运动员训练效果的提升提供更多的时间。

3. 多球训练法的组织形式

以实践课为核心,辅以一定的理论课是较常用的多球训练法组织形式。一般来说,在进行实践课训练之前,要先进行理论课的讲授,其主要内容有多球训练的基础知识、注意事项、应用价值等。开展实践课时,需要教练员连续发出一定数量的球,让运动员进行回击。至于教练员采用什么样的速度、数量来发球,则应根据训练内容、运动员的身体素质及技术水平等因素来确定。此外,教练员还可以采用动作示范、口头讲解、现场录像回放等方法来对运动员的击球动作进行规范。

4. 多球训练的思路及方法

在进行多球训练时要遵循从简到难、循序渐进的原则,多球训练最主要的目的是先让运动员掌握和巩固定点击球技术,然后熟练运用击球技术,最后让运动员能够根据比赛灵活运用定点击球技术和移动击球技术。

多球训练的方法是由训练内容的特征所决定的。进行羽毛球手法训练时,应该让运动员对羽毛球的多种手法进行认识,并对其一致性、灵活性及隐蔽性等特征进行把握,这样才能更好地提升多球训练法的效果。

(1)后场击高远球的多球训练思路。

第一,定点训练。在进行训练之前,教练员可以在固定位置站好,摆好发球动作和姿势,即前左脚、后右脚,右脚脚掌支撑整个身体,保持两脚和肩同宽,身体倾侧向着球网的方向,自然上举左手,右手自然放于身体右侧,做好击球的准备工作。运动员上场后,教练员将发出高远球。教练员要控制好球的发出高度,这样可以让球正好落在运动员前面,运动员要运用正确的技术动作和姿势接球。运动员将球击出后要马上恢复准备姿势,这时,教练员就可以继续发出第二个球,以此反复。运动员要顺利地击球就应该采用规范的挥拍动作,为了更好地规范运动员的挥拍动作,教练员应该加强对运动员的多球训练,培养运动员的高远球技术能力,可以让运动员进行连续、反复的定点挥拍练习。

第二,移动中训练。羽毛球运动的场地不大,不过在这个小小的场地上,运动员的移动频率却是十分大的,而且受多样化的羽毛球战术类型的影响,需要运动员及时地调整自己的位置以便获得最佳挥拍位置,从而提高击中率,所以在定点击球训练达到一定水平后，教练员要着重训练运动员的移动高远球技术。在进行训练之前，应该先要求运动员选好中场位置并做好击球准备姿势。教练员向后场正手区直线发出高远球，运动员要根据球落地的位置调整自己的位置，击中球之后要快速地回到原点并做好准备姿势，如此反复进行循环训练。

运动员的移动轨迹为：先是中场区，再是后场正手区，再到中场区，之后到后场头顶区，最后是回到中场区。运动员移动多球训练的核心在于提升其移动步法的娴熟性。提升运动员的观察能力、预判能力和行动能力是进行移动中后场击打高远球技术多球训练的主要目的。

（2）吊球技术的多球训练思路。

第一，定点训练。在进行训练时，教练员要安排运动员站在后场区，并做好击球动作姿势。教练员站于中场区，发高远球，并对球的高度进行控制，确保球落于运动员前面。运动员看到球后要采用吊球技术如劈吊、轻吊和拦截等方法将球击出。之后教练员反复进行该项操作，而运动员则可以保持同样的吊球技术或其他吊球技术。

吊球技术训练需要运动员掌握规范的吊球技术动作。比如说直线劈吊，就需要运动员加速前臂动作和手腕，在球的右侧下部进行击打，这样才能加速球的下坠。教练员在开展训练时应该着重培养运动员的吊球技术训练，而且要提起重视，要求运动员在同样的位置完成吊球技术训练动作。

第二，移动中训练。运动员掌握了定点吊球技术以后，就可以进行移动中吊球技术多球训练了。首先让运动员在中场区站好，教练员则在另一侧向运动员发出高远球，运动员必须迅速地向后场移动并击打球，在击球时可以根据实际情况采取劈吊、轻吊或拦截等方法。运动员将球挥出后，应该马上回到中场区，如此循环反复地进行多球训练。

移动步骤为：中场区→后场正手区→中场区→后场头顶区→中场区。同样，在移动中吊球技术多球训练期间，教练员也要加强运动员的移动步法训练。

5. 多球训练法的注意事项

（1）采用什么样的训练方法要根据运动员的技术掌握阶段来确定。羽毛球训练过程中，需要遵循泛化—分化—自动化的成长过程。为此，教练员可以从以下三个阶段来开展多球训练：

首先，技术泛化训练阶段，教练员应该引导运动员掌握正确的羽毛球技术要领、空间感、节奏感以及身体协调性等知识，这阶段采用的训练方法主要为固定多球训练法，同时还要对训练时的发球速度和力量等进行控制。运动员对于羽毛球技术掌握的基础就在这一阶段，通过多球训练能够帮助运动员动作定型和规范化发展。所以，对于运动员在这一阶段出现的错误动作，教练员应该及时地纠正，可以对动作进行分解教学，让运动员能够快速地掌握动作要领、动作结构及动作顺序等。此外，对于运动员的球感训练也是非常关键的，这样有利于运动员准确地把握羽毛球的飞行速度和飞行轨迹，能够有效预判羽毛球的落点。

其次，技术分化阶段，这一阶段是以第一阶段为基础的，并需要加入移动多球训练。教练员在进行训练的过程中，要对发球速度、频率和力量都进行强化，帮助运动员对速度、力量和频率不同的来球进行动作感觉。这一阶段要加强运动员技术动作连贯性、流畅性和协调性的训练；激励运动员跑起来，促进自身移动步法应用能力的提升，并获得较好的空间感、时间感和节奏感等。

最后，技术分化阶段，这一阶段要加强移动多球训练的应用，同时还要结合其他技术练习。这个阶段的运动员都具备了较好的羽毛球基本技术，不过还未达到专业的比赛水平，为此教练应该将如何更好地提升运动员的技术水平作为训练重点，并对发球速度、频率和弧度都予以加强，让运动员获得更广泛的移动击球范围，提升移动击球难度。在进行训练的过程中，教练员应该提倡运动员采用不同的击球方法完成击球训练；还应该要求运动员结合各种技术来完成击球，当然羽毛球的专项体能训练也是这一阶段的主要目标。

（2）训练强度和运动负荷的安排要根据运动员和训练计划等实际情况确定。运动负荷包括两个因素：一是运动负荷量，包括时间、距离和次数等指标；二是运动负荷强度，主要包括速度、重量和密度等指标。

教练员在进行羽毛球训练过程中，应该先确定好训练目标和训练内容，这样才能确保运动负荷的科学化和合理化。如针对羽毛球基础技术训练时，应该以3~4组为一个周期进行；进行基础步法训练时，则应该以2~3组为一个周期。进行单一技术多球训练的，中间停歇时间一般控制在2分钟即可，多技术训练则以3分钟间隔为佳。

当然，运动员的身体素质、技术水平等因素也是安排运动负荷时需要考虑的因素。像针对身体素质一般、技术水平不高的运动员进行羽毛球基础技术多球训练时可以安排2~3组为一个训练周期，若是针对身体素质较好的运动员，则可以加到3~4组。

教练员应该在训练前后对运动员的脉搏进行测量，以调整运动强度。多球训练的运动负荷往往大于单球训练的运动负荷，所以会有较大的体能消耗。因此，教练员要重视运动员训练后的恢复，让运动员实现"超量恢复"。

在实际训练时，教练员可以将多球训练法和其他训练法配合使用。教练员在进行羽毛球训练时要大量采用多球训练法，这有利于运动员掌握动作要领和动作定型，并有利于运动员身体素质的提升。而且经过多球训练法，能够让运动员较好地掌握节奏感和空间感。教练员在开展多球训练之前要确认训练目标、教学手段和组织形式，同时还要考虑运动员的实际情况和训练内容等因素。为了确保运动员技术动作的连贯性、一致性、流畅性和规范性，教练员应该合理安排运动负荷。

## （二）表象训练法

随着健身理念的不断发展，羽毛球等运动形式开始在全国普及开来，人们对羽毛球教学也提出了更高的要求。表象训练法作为羽毛球步法训练的重要方式，对提高羽毛球训练的效果具有非常重要的作用。表象训练法的提出，为羽毛球的训练教学方法提供了理论支持，将表象训练法应用到教学训练中，有利于提高学生的羽毛球技能。

表象训练法是指学生在教师的指导下，重复想象羽毛球训练的动作和技术，来提升自身的羽毛球技能。表象训练法可以让学生在没有时间和场地时依然能够进行羽毛球技能训练，通过不断的想象，学生能够随时复习羽毛球训练的动作和技术，进一步掌握理论知识，熟悉羽毛球的技能动作，增强肌肉的记忆能力。心理学为表象训练法提供了理论基础。当下各种训练和竞赛中都会使用表象训练法。

1. 表象训练法的必要性

（1）提高学生的学习兴趣。利用表象训练法对羽毛球进行训练，不仅有着很强的可操作性，还没有时间、地点和工具的限制。在羽毛球技能训练的过程中，教师应按照学生的学习情况和对技能的掌握程度为学生提供相应的视频资料，在观看这些视频资料时，教师要详细地讲解其中的训练技能和方法，让学生在讲解和观看的过程中逐渐对羽毛球的训练技能和过程有所掌握，从而增加对羽毛球学习的积极性。

（2）提高学生的自主学习能力。学生能否进行自主学习是羽毛球技能训练的关键，通过教师对羽毛球技战术的讲解，学生能够掌握相关的知识。在教学时，教师在羽毛球技能训练中融入表象训练法能够让学生获得更好的学习能力。学生可以一边观看视频，一边思考自己存在的不足之处，同时及时与教师进行沟通，让自己具备发现问题、解决问题及自主学习的能力，进而获得更好的学习效率。

2. 表象训练法的应用策略

（1）构建合理的表象训练。

第一，合理缩短表象训练时间，增加学习的准确度。将羽毛球训练与表象训练法相结合，可以让学生在没有时间和场地时依然能够反复地进行羽毛球技能训练。但该方法也是存在缺陷的，若是长期使用表象训练法，则会给学生的动作记忆带来一定的偏差。实践是基于动作展开的，当记忆出现偏差之后，就会给学生的羽毛球技能训练带来负面的影响。

教师要基于学生学习中出现的变量构建表象。学生应一边接触表象，一边训练羽毛球的技术和动作，并且要尽可能地集中注意力。在此要强调的是，教师不应要求学生进行长时间的表象训练，要保证学生在相应时间内可以多次回想起羽毛球的技术和动作，这既能够增强学生的记忆力，又能够为其羽毛球技能训练打下坚实的基础。

第二，科学设定表象训练内容，提高学习的有效性。要想通过表象训练法让羽毛球学习获得更高的效率，就要适当减少表象时间。学生能否科学、规范地学习羽毛球技能取决于教师能否科学、合理地构建表象内容。科学、合理的表象内容不仅能够帮助学生更好地学习羽毛球技能，还有助于他们进行自我反思。表现内容若是缺乏科学性就会让羽毛球训练失去参考性，给技能动作带来偏差，从而给学生学习造成不利的影响。例如，当表象内容中出现不标准的勾球动作时，尽管可以在羽毛球运动中顺利完成该动作，但还是与应有的运动效果有着很大的差别。

因此，教师在构建表象内容的初始阶段就要保证其科学性，让学生从一开始就掌握正确的羽毛球技能，在大脑深处留下科学的表象内容，不断增强肌肉的记忆力，从而真正地发挥出表象训练法在羽毛球训练中的作用。

（2）激发学生的学习兴趣。学生才是羽毛球技能训练的核心与主体。在羽毛球技能训练中，只有让学生对表象训练法充满兴趣，才能最大程度地发挥出表象训练法的作用。在教学时，教师可以通过鼓励和考核的方式提高学生的学习兴趣。例如，教师可以将一些有趣的内容加入到表象训练法中，在开展羽毛球表象训练的过程中让学生选出自己心目中动作最标准的同学，并奖励得票最多的学生。在学习羽毛球技能时，教师应定期进行考核，同时表扬和奖励成绩优异的学生，以此来激励学生。此外，教师还要采取多样化的教学，这样才不会让学生感到枯燥，最大程度地激发出他们的学习兴趣。

（3）改善羽毛球教学环境。不断完善羽毛球教学环境，同时通过多媒体教学设备为学生播放视频。教师可以利用视频为学生讲解表象训练法，学生在图像和理论的共同作用下不仅能够进一步理解表象训练法，还能够掌握羽毛球理论知识。此外，为了能够让教师熟练地使用多媒体教学设备，为学生深入浅出地讲解表象训练法，应对教师展开相关培训。学校应为羽毛球训练配备专业的场地，让教师和学生在专业的场地上开展羽毛球技能的教学和实践，让羽毛球教学获得更好的效果。此外，学校还应提供相关场地方便教师们探讨羽毛球教学，让教师们在不断的沟通和交流中探索出更好的羽毛球教学方法。

（4）创新羽毛球教学方法。学生始终是教学的主体，教师应借助各种各样的辅助教学工具让教学实现寓教于乐，用最短的时间让学生对羽毛球技能产生更多的学习兴趣。教师应教授学生相应的羽毛球理论知识，并且在羽毛球训练实践中运用这些知识。学习的动力来自兴趣，学校应安排所有选择羽毛球选修课程的学生一起上课。每个人都有着不同的成长环境，运动天赋也存在差异，所以对羽毛球技能的掌握程度也是完全不同的。因此，教师在羽毛球训练的过程中应从学生的实际情况出发对他们进行有针对性的表象训练，用分组的形式对学生开展分层教学，让不同层次的学生都能够最大程度地掌握羽毛球的技能和知识。

（5）创建活跃的教学氛围。不少年轻人都非常热爱羽毛球运动，而且学习羽毛球也相比其他运动简单一些。因此，教师在通过表象教学法开展羽毛球教学时，要为学生营造一个活跃的学习环境，为课堂注入更多的活力，将枯燥的课堂学习变得有趣。在教学时，教师可以定期开展羽毛球比赛，比赛内容既可以是羽毛球的某种接球姿势，并奖励姿势最标准的学生；又可以是小组之间的竞赛，将学生分成不同的小组，在比赛中相互切磋和学习羽毛球知识；还可以举办学校之间的羽毛球比赛，让学生在比赛中发现他人的优势，找到自己的不足之处并加以完善。教师可以鼓励学生在比赛过程中使用表象训练法，从而进一步巩固该方法。

（6）建立有效的交流模式。在羽毛球课程教学中，教的主体是教师，学的主体是学生，在教与学中，二者要及时发现并解决问题，这能够让表象训练法得到更好的应用。在教学过程中，如果教师遇到了无法及时解答的问题，那么要在课后借助教学平台及时解答。教师要积极地与学生进行交流，这样才能在教学改革中帮助学生更快地适应新的教学方式。此外，教师能够在与学生的沟通中听到很多对教学的意见和建议，这能够让教师不断完善教学方式，用学生喜欢的模式进行教学，学生在喜欢的课堂上自然会提高学习的积极性和兴趣，掌握更多的知识，这对提高教学效果是非常有利的。

在羽毛球技能训练中，表象训练法发挥着很大的作用，它可以帮助学生进一步理解羽毛球技能。因此，在进行羽毛球技能训练时，要充分发挥表象训练法以及其他辅助教学工具的作用，用分层教学的方式让学生具备更好的羽毛球技能。

（三）游戏教学法

1. 游戏教学法的应用价值

（1）加强交流合作。羽毛球教学在体育科目中广受喜爱，而体育游戏教学这种教学方式可以进一步提高教学效果和学习效率。在羽毛球教学中使用体育游戏教学，除了可以提高学生学习的兴趣，还能够增加他们的积极性。将教学活动与游戏相结合，能够让学生之间产生更多的交流，缩短彼此之间的距离，增强学生的合作意识，对构建和谐班集体是非常有利的。学生在各种体能类游戏活动中可以强身健体，在竞争与合作中提高团队协作能力，具备不怕困难、勇于拼搏进取的良好精神。游戏会吸引学生积极主动地参与到活动中来，这不仅能够提高教学效率，还能够增强学生的身体素质，可谓一举多得。

（2）提升学习兴趣。教师在教学过程中必须要从专业的角度指导学生，多与学生进行交流，及时指出他们的错误行为并要求他们改正。教师将体育游戏活动与羽毛球教学相结合，同时创新教学内容，除了可以提高学生学习的积极性，让他们积极主动地参与到活动中来，还能够让他们从游戏中获得愉悦感，为学生营造一个积极和谐的氛围。当学生处在这种积极、轻松的氛围中时，便会将注意力放在自己的动作上，争取把每一个动作都做规范，而标准的动作会增加学生学习羽毛球的信心。

2. 游戏教学法的训练原则

（1）竞争性原则。羽毛球的对抗性要明显强于其他球类运动。因此，学生要想获得满意的比赛成绩，除了要有良好的技战术水平、反应速度和身体素质，还要具备顽强拼搏、不屈不挠的精神，全力以赴地打好每一场比赛。所以，当教师在羽毛球教学中使用体育游戏这种教学方式时，应突出其中的竞争性，以此来增加学生学习的积极性。例如，教师可以在每次教学之后组织学生开展对抗性竞赛，让学生在比赛中相互学习，培养团队合作的意识，将所学知识运用到实践中去。

（2）合作性原则。在体育活动教学中既要有竞争，又要有合作。在羽毛球教学的过程中，教师可以安排一些双人混打。学生可以在对抗性比赛中意识到搭档的重要性，意识到只有与搭档联手才能取得最终的胜利，进而不断培养自身的团队意识，产生更多的集体责任感。此外，教师也可以将一些接力赛安排在羽毛球训练中。如，教师可以将一场游戏活动竞赛设置成三个单元，采取三局两胜制，由不同的学生完成不同单元的比赛，以此来激发学生的斗志，增强他们团队合作的意识，提高他们对羽毛球运动的兴趣。

（3）趣味性原则。体育游戏教学更偏向于游戏，所以要在应用中突出它的趣味性。教师可以通过娱乐和游戏的方式吸引学生积极参与到活动中来。通过游戏的方式开展教学，让学生在寓教于乐中学会羽毛球技术。在羽毛球教学的过程中，学生无论是跳跃、跑动还是接球，都要在规定好的区域内进行，这同时也要求学生具备更好的爆发力。因此，教师可以用蛙跳比赛作为教学前的准备活动，即让学生用蛙跳的姿势完成一场比赛。这些充满趣味性的竞赛除了可以为学生营造一个积极、轻松的学习氛围，还可以帮助学生热身，避免他们在训练中出现意外伤害，最大程度地保证他们的安全。

3. 游戏教学法的训练类型

（1）热身活动。

第一，节奏跑。练习方法：①按照"右（脚）、右（脚）、左（脚）"的顺序，有节奏地做跑步练习；②按照"左、左、右"的顺序，有节奏地做跑步练习。

变换练习：按照"右、右、右、左、左"或者"右、右、左、左"的顺序，改变节奏进行练习。按照基本节奏，背部朝向运动方向做后退跑练习。

活动要点：增强节奏感是非常重要的练习内容。在基本练习掌握得比较扎实之后，应指导学员进一步变换训练内容，增加难度。

第二，垫步跳。练习方法：领操者发出"向前""向右"的口令，学生根据领操者的指示，做向前后左右等行进间的垫步跳。

变换练习：在练习中加入击掌的动作。做垫步跳时，在抬起的一条腿的下方击掌。

活动要点：做示范时，动作幅度宜大，让学员看清楚，这一点十分重要。向后方做动作时，年龄小的学生可能感觉困难，指导时注意区分不同的年龄段。

第三，手脚配合。练习方法：原地前伸双臂，喊出"石头、布"的口令，然后双手握拳（石头）或变掌（布），配合手的节奏，同时双脚做相应动作；双手握拳时，两脚做布的动作（两脚分立），接下来，双手变掌时，两脚做"石头"的动作（两脚合拢），以此动作交替进行。

变换练习：双手变掌（布），向身体两侧上方举起；双手握拳（石头），垂于身体两侧。练习中，加大手脚的动作幅度，双脚做"剪刀"动作（双脚前后分开）。手脚的动作不能一致，按"石头、剪刀、布"的顺序依次进行。

活动要点：因为上肢和下肢采用不同的动作，可以培养手脚配合的联结能力。手脚动作不得盲从、偏向一侧，要有意识地控制手脚动作的协调。

（2）带球运动。

第一，身前身后接球。练习方法：球置于背后，呈背球姿势，一只手执球；将球向上抛起，越过头顶，落向自己身体的前方，然后用手在身前接住；接下来，由身前向背后掷球，在身后接球，换另一只手完成相同的动作。

变换练习：适当移动身体，在行进间完成此动作；尝试用手掷球，用球拍练习接球。

活动要点：注意提醒那些接不住球的学生，争取在球下落时先触到球。

第二，"狂轰滥炸"。练习方法：先将球网拆除，场上6人，3人一组，分为两组；领操者站于场外，发出"开始"口令后，将多个羽毛球投进场地中央；场地内的6人拾起自己一侧场地内的球，掷到对方场地内；当领操者下达"停"的口令时，双方停止掷球，并计算留在各自场地内球的数量，数量较多的一方为负方。

变换练习：增加场地内羽毛球或场上队员的数量，继续进行羽毛球练习；装上球网进行练习。向对方场地掷球时，要全力以赴。

活动要点：开始训练时，羽毛球的数量可以比场上队员多1~2个，随后逐渐增加羽毛球的数量，循序渐进，了解这一点对提高训练效果十分关键。

4. 游戏教学法的训练方法

（1）准备活动阶段。准备活动阶段教学的意义在于让学生做好热身活动，避免出现运动性损伤，保证学生的安全。但在此要强调的是，教师要让学生保持适量的运动，当身体出汗后就可停止热身运动。此时托接球类的游戏是最适宜的，教师可以根据学生的熟练程度选择不同方式的接托球，以此来激发出学生的学习兴趣。

教师可以将学生划分成不同的游戏队伍，先由第一名学生用球拍托住球进行往返跑，在回到起点的时候由下一位学生接过球拍继续往返跑，直到最后一名学生跑完，最先完成往返跑的那一组赢得最终胜利。如羽毛球在中途掉落，可在掉落处捡起球继续奔跑，无须返回起点。

（2）基础教学阶段。要想让学生获得理论与实践的双重进步，就要让学生做好基础阶段的学习、复习和巩固。教师可以让学生在游戏中进行反复的练习，从而不断提高学生的身体素质，让他们不断巩固自身的羽毛球技术。教师既要在游戏中加入羽毛球的技术动作，又要配合相应的战术，有针对性地提高学生的技战术水平。双脚开合跳、知识抢答等都是教师可以使用的游戏方式，让学生始终处在一个积极的学习环境中。

（3）技术教学阶段。

第一，握拍技术教学。羽毛球技术中有两种握拍方式，即正手握拍与反手握拍。要想让学生做出连贯性的接球动作，就要保证握拍练习是科学的。教师若是使用游戏教学法，就可以让学生进行"镜子影像"的游戏，即学生面对面练习相同的羽毛球动作，相互观察和监督，及时纠正对方的错误动作。

第二，发球技术教学。在羽毛球比赛中，高质量的发球可以取得比赛的先机。若是完美地掌握了发球的角度和力度，就会让对手接不到球，进而增加获胜的概率，反之则很可能让对手获胜。教师可以通过游戏比赛的方式进行羽毛球发球教学，看哪位同学更能控制好发球的角度。教师在墙上画出两条与球网高度一致的平行线，将学生分成不同的小组，只有将羽毛球发到两条平行线的中间才能得分，记录不同小组的分数并做最终统计，分数最高的一组获胜。

第三，击球技术教学。羽毛球有很多击球动作，运动员会根据赛场上的情况做出最佳的击球动作，并在发球时让对手产生失误，从而获得比赛得分。教师在进行羽毛球游戏活动教学时要做到有的放矢，例如，将每5名学生组成一个小组，不同的小组站在不同的位置，将塑料桶放在距离小组5米的位置上，学生站在发球线后向桶内发球，每进入一球得一分，记录不同小组的分数并做最终统计，分数最高的一组获胜。学生可以通过这个游戏活动不断提高自身的羽毛球击球技术。

第四，步法技术教学。学生是否有灵活的脚步也会对击球的力量和角度产生很大的影响。教师要让学生知道，在接球过程中要根据对方的位置变化脚步，要及时改变身体重心，避免给身体带来伤害。例如，教师可以通过接力游戏的方式进行交叉退步练习，将6个标记物放在练习场地中，同时将学生分成不同的小组，让他们用交叉退步的方式接力后退，并要求他们在后退的过程中及时改变身体重心保持稳定，保证身体的安全。

（4）结束放松阶段。教师要在结束放松阶段进行一些整理运动，让学生的身体重新回到正常的状态，放松学生的身体，减少肌肉的疲劳感。在结束了羽毛球教学工作之后，通常情况下教师都会安排学生做一些舒缓动作，让他们的身体和心理都得到放松。为了提高学生在这一阶段的积极性，教师可以做出适当的改进和创新。例如，教师可以用健美操练习代替原有的放松训练，同时再配以舒缓的音乐，让学生的身体得到放松，缓解训练带来的疲劳，增加学生做整理运动的积极性。

5. 游戏教学法的注意事项

（1）合理设计体育游戏。教师要从课程的教学目标出发设计羽毛球游戏，保证学生能够通过这些游戏提高自身的羽毛球技术水平。此外，教师还要根据游戏时间、场地器材设备、运动特征、学生人数以及学生的性别、年龄和身体素质等方面选择出合适的教学方法和教学模式，保证学生用最短的时间学会羽毛球技术，同时增加他们参与活动的积极性，这样才能为之后的学习和训练打下良好的基础。

（2）严格把控游戏规则。羽毛球游戏活动有着非常明显的竞赛性，所以教师务必要让学生在进行体育游戏之前明确所有的规则和注意事项。教师要从公平客观的角度总结和评价每一次的游戏结果，同时监督学生是否在游戏过程中遵守了游戏规则，保证游戏实现应有的教育功能。教师要确保学生在游戏过程中遵守规则，不能随意更改游戏时长，否则容易引发争执，导致无法实现既定的教学目标。当有意外出现在教学中时，教师一定不能慌张，要沉着冷静地应对。

（3）锻炼与教育相结合。教师要在羽毛球游戏教学的过程中引导学生相互帮助，团结一致。教师要严肃批评教育违反规定的学生，避免以后出现类似的事件。教师要总结每一次游戏，同时让学生进行总结性评价，肯定、鼓励和表扬优秀的学生，同时要求其改正不足之处。教师不仅要让学生在游戏中得到教育，还要让他们在游戏中锻炼自己的组织能力和自主能力，实现身体与心理的共同发展。

综上所述，游戏教学法在羽毛球教学中的应用有助于提高学生的学习积极性以及对锻炼和提高学生的羽毛球技巧等有着积极的意义。在开展羽毛球教学工作的过程中，教师应当综合考虑多方面的因素，要结合学生的实际情况，充分发挥体育游戏活动的趣味性优势，调动学生的学习兴趣，科学合理地开展教学工作，以此提升教学质量，强化教学效果，促进学生羽毛球技术的有效发展。

## 三、羽毛球运动打法的培养过程

打法的培养要按照打法的设计有计划、有步骤地循序渐进，抓好教育、训练、比赛三个环节的结合。在培养打法的过程中，针对不同条件、不同训练水平的运动员，注意贯彻启发、诱导与严格要求相结合、阶段与系统相结合、全面与重点相结合、常规与创新相结合等原则。

**（一）打法培养过程中的教育思路**

1. 引导运动员理解教练员的意图

依据内因与外因相互关联的原理和教与学的双边关系的原理，运动员是训练中的主体和内因，是各种训练任务的直接完成者，教练员则是在训练中起主导作用的外因，外因必须通过内因才能起作用。因而，要使运动员了解教练员对打法设计的要求，训练的目的、任务、要求与安排，使其懂得为什么要这样做、如何去做。对于具有一定技术水平的运动员，要让他们参与训练计划的制订，一起研究确定长期的和近期的训练目标以及各阶段训练的具体任务，在统一认识的基础上，使他们明确要达到这个目标、完成这个任务需花费多大的努力，并树立充分的信心。在计划的实施过程中必须对运动员严格要求。

2. 培养和提高运动员的思维能力

在打法的培养过程中，运动员需要掌握有关的业务理论知识。这一切都可以通过教练员生动而形象的语言讲解，广泛运用各种先进的直观教学手段（如观摩训练、比赛的录像）来进行。运动员要理解，就必须要思考，所以在运用各种直观教学手段时教练员要通过分析、比较、提问等，使之加深理解。如对儿童、少年要多采用直接直观法，而对优秀运动员则多采用间接直观法。根据羽毛球运动特点所要求的，可在训练课上要求运动员对具体动作或战术的运用进行分析，提出问题，分析问题产生的原因和解决办法。采用训练日记、阶段性的训练或比赛小结以及专题小结等形式，针对比赛时所碰到的问题进行专题讲座、分析以及赛前组织运动员对战术的决策进行研讨、出主意、想办法等，这些都有助于运动员自我分析、自我评价习惯的养成和能力的提高，把考核、评比引入竞争机制，从而提高运动员的自觉性和积极性。另外，还可采取在教练员直接或间接调控下的自主式训练，让运动员能更多地参与自我训练调控，鼓励他们在平时的训练和比赛中发挥自己的主观能动性。

3. 引导掌握正确的训练思想方法

运动员在打法的培养、形成过程中，如训练、比赛等，都不会是一帆风顺的，能否正确对待和处理成长过程中的挫折和困难将直接影响其打法的培养和形成。如比赛时运动员经常遇到这样一些问题——对手的强与弱、比赛的胜与负等，都会影响运动员技能的发挥。教练员必须及时地帮助运动员一起分析，端正他们考虑问题的思想方法，提高对训练或比赛的结果进行客观、正确的分析的能力，从中得出中肯的结论，去指导打法的进一步发展。

### （二）打法培养过程中的训练安排

打法培养过程中的训练安排，是战术训练的重要内容，其训练原则、内容和手段与战术训练相同。打法培养与形成过程中应注意以下方面：

1. 系统打算与阶段要求

训练全过程从初期训练到出现优异运动成绩直至运动寿命的终结，都应遵守运动训练学系统的不间断性这一原则。如训练内容的选择和安排，应循序渐进地逐步提高，并持续不断地进行。

从基础训练到第一次在全国成年比赛中出成绩一般需要 5~7 年，在全国青少年比赛中出成绩一般需要 3~4 年。应该说，经过这一段时间的训练，运动员都已形成了具有不同程度个人特点的打法。无论哪一种打法，它的形成都是从不熟练到熟练、从单一到比较全面的过程。

一个成功打法的形成，在其培养过程中必须要有系统的计划。如高球、杀球配合的进攻打法的培养，其中高球和杀球是该打法的关键技术，刚开始可以围绕压对方反手区和开打空当战术制订球路练习，然后配合拉开战术而发展重复球战术。在打法的不断熟练过程中应同时考虑打法的实效性，如个人绝招的形成和发展、控制与反控制能力的提高、主要打法和辅助打法的配合等。教练员对运动员个人打法的培养必须要根据其内在的联系，进行系统、合理、循序渐进的训练。

各阶段的训练要求不能彼此脱节或时断时续，应系统安排，根据运动员对打法所掌握的情况而制定，使训练阶段、训练周期之间以及课与课之间能有机连接，在训练内容、技战术要求、运动负荷的安排上能有机地联系起来，并在原有基础上得到提高，保持打法培养与训练的不间断性。在训练内容选择和安排、训练手段的采用、业务理论知识学习和教育方面，应充分考虑其打法形成的内在联系和运动员技术水平及特点，做到由易到难、从简到繁、由浅入深。围绕主要打法进行设计，对各阶段训练提出不同的要求，使之对主要打法中应具备的技战术逐步掌握、反复熟练、不断发展。

2. 力求全面、突出特长

当今，优秀羽毛球运功员竞技能力结构的新特点集中地表现为"全面"加"特长"，既要求运动员的整体竞技能力全面均衡地发展，又要求运动员局部竞技能力的超前发展。如何处理好以上两方面的关系，是打法培养过程中一个很重要的问题。

（1）基础训练阶段是打好全面基础，发现和培养特长的阶段。基础训练阶段的任务就是要以打好全面基础为主，在训练过程中教练员要发现运动员个人条件的特点，并根据这些特点对运动员个人打法进行构思和设计；然后，根据该打法类型形成所要具备的条件去培养运动员的特长。

教学训练的内容和方法，应适合该阶段的运动员的年龄和身体发展程度，一般采用的手段应以单一球路练习的结合为主。练习时，特别要注意技术动作结构的正确性，在不产生或加深错误动作的前提下，逐步加大练习难度，提出更高的技术要求，不断发展在一般情况下合理运用技术的能力，尤其要强化所要培养的特长技术与多项基本技术的组合运用。通过实践练习，使运动员懂得特长技术在战术运用中的意义和作用，并初步掌握在基本战术（如攻底线战术、攻对方弱点战术等）的运用过程中如何体现特长技术的作用，这也是以后形成某种打法特点的基础。

（2）全面提高阶段是在全面的基础上突出抓特长的阶段。全面提高阶段是在基础训练阶段与竞技突击阶段之间，打法的培养应考虑运动员的水平与特点，在基础训练阶段的基础上加以发展，为运动员向竞技能力突击作准备。因此，要特别注意运动员技术掌握的全面性，提高在主动和被动条件下运用技术的能力，应以发展技术动作的快速性、准确性为主导，相应发展技术动作的突变性和多项技术的连贯运用、灵活变化，达到在"快速的基础上具有特长"，个人特长技战术得到充分发展，逐步形成运动员的个人打法。在训练安排上要注意以下方面：

①突出特长技战术的训练：由于运动员个人的打法特点能否体现取决于这些能力发展得如何，可以说抓特长技战术是打法形成的矛盾主要方面。所采用的手段是以复杂的球路为主，结合综合性练习，要求是反复熟练，在情况允许下不断增加难度，在对抗下熟练掌握和运用，因人制宜学习和掌握高难技术和最新发展技术，使其成为个人绝招技术。

②竞技能力必须全面均衡地发展：明确抓技术的全面性是为了更有效地发挥个人特长技战术和个人打法特点。所以，决不能抓了全面而脱离或影响个人技战术以及打法特点的形成，应在特长技术与短板技术之间的相对平衡—相对不平衡—相对平衡的不断发展过程中使技术逐步趋于全面、均衡发展。

③重视加强运动员战术意识的培养：战术意识的培养必须从小抓起，运动员在球场上每一项技战术的正确掌握和运用，都受一定的战术意识支配，无不包含战术意识的内容，它反映在行动的预见性、判断的准确性、技术的目的性和连贯性、动作的隐蔽性和一致性以及战术的灵活性等方面。战术意识的增强，必然会提高

实践能力，加速个人打法的形成。

（3）竞技突击阶段是在不断完善和发展个人打法的基础上，弥补薄弱环节并逐步趋向全面提高的阶段。这一阶段运动员已掌握了羽毛球各种专项的技术，也具有相当的实力水平，但与高水平运动员相比，在技战术上还存在一定差距，如技战术发挥不够稳定、缺乏变化，或者是特长不够明显、某些技术方面存在明显的问题等等，需要进一步提高和完善。因此，训练的重点应围绕进一步完善和发展个人打法的需要。技术上主要抓两方面——提高控制与反控制的多拍能力、发展技术特长和绝招。战术上主要抓特长战术的进一步发展和熟练运用多种战术的配合，直至具有掌握多种打法的能力。在训练中应注意以下方面：

第一，训练中要突出实战性和强调针对性。训练内容是根据完善和发展各自打法的需要而定的，由于每个人的技战术特点不同，只能针对运动员在实践中运用主要打法时所暴露的主要问题进行安排，如提高哪些技术的稳定性、要发展什么样的特长和绝招技术、要发展哪些技术等。训练手段的安排以攻、守的综合性和实战练习为主，并注意多安排些针对比赛对手特点而进行的各种模拟训练。

第二，提高战术运用的成功率、得分率和变化能力。运动员技术水平越高，越要强调效率。战术运用的成功率取决于技术的准确性、稳定性、巩固性和连贯性，得分率则取决于战术运用的针对性、技术的突变性和绝招的威胁性。为了提高战术运用的成功率、得分率，还须强调战术变化能力和应变意识，只有促进战术意识的高度发展，才能促进战术水平的提高。

第三，坚持和发展快速进攻打法。要提高运动员的竞技能力，就必须让运动员了解和理解打法的发展趋势，具体可以这些方面着手：①学习当代高水平运动员的技术和打法；②找出一些新的打法来对付他们，应该强调技战术和打法创新。当前，无论哪一种打法类型，要想取得优势，必须向全面发展，同时也都离不开快速进攻的方向。因此，只有以坚持、发展快速进攻打法为原则，并符合个人打法发展的需要，突击才能成功。

3. 身体素质和心理素质

当前，优秀羽毛球运动员竞技能力结构的新特点表现于"全面"加"特长"。除此以外，羽毛球运动项目还表现出一定特点：战术变化更加多样、战术决策对比赛结果影响更为突出、体能和心理的作用加大等。高水平羽毛球运动员比赛的最后胜负，很大程度取决于体力和意志。要提高运动员的身体素质和心理素质，并且在打法培养过程中必须与技战术同步发展。

# 第三章　现代羽毛球技术教学训练与体能提升

## 第一节　羽毛球运动的握拍与步法教学训练

### 一、羽毛球握拍教学训练

羽毛球运动的基本技术主要包括上肢的基本手法和下肢的基本步法，而握拍技术是基本手法之一，也是参与羽毛球运动首先需要掌握的技术。因此，要打好羽毛球必先正确掌握握拍技术。

#### （一）握拍动作类型

1. 正手握拍

左手握在球拍中杆位置，使拍框垂直地面；右手张开，使虎口与拍柄斜棱上的第二条棱线相对，然后像握手一样将拍柄握住，拇指和食指在拍柄两侧的宽面上轻贴，其余三指将拍柄自然握住，五指与拍柄呈斜形。

2. 反手握拍

做好正手握拍动作，右手稍微将拍柄向外旋，拇指上提，拇指内侧顶贴在拍柄第一斜棱旁的宽面上，也可将大拇指放在第一、二斜棱之间的小窄面上，食指稍微向下靠，其余三指紧握拍柄。

#### （二）握拍教学训练

1. 握拍训练

根据握拍技术的动作要领，先正手握拍，观察各部位的动作姿势，尤其是手指细节，及时改正错误或不规范的地方。然后反手握拍，同样观察、改正。正、反手握拍交替进行，熟悉握拍方法，熟练掌握正确的正反手握拍动作要领。

先练习正手握拍，然后由正手向反手转换，再由反手向正手转换，如此反复，有助于提高握拍的灵活性，每一次转换都要确保握拍动作符合动作规范，提高握拍动作质量。

握拍与挥拍结合起来进行练习,如按正确动作要领正手握拍后,模拟正手击高远球的挥拍击球动作,挥拍动作完成后检查握拍动作是否变形,若发生变形,需调整到正确姿势。循环往复,巩固对握拍方法的正确掌握与熟练运用。

2. 挥拍训练

在正确掌握握拍动作的基础上进行挥拍练习,或通过握拍与挥拍的结合来巩固握拍动作,熟悉挥拍技术。刚开始练习挥拍时,可采用对镜练习或双人对练的方法,从而快速发现自己存在的问题,及时纠正。此外也可进行负重挥拍练习,即手持小哑铃、壁球拍等练习,以此熟练挥拍技术,提升上肢力量。

在挥拍练习中,以正手击高球练习为主,从分解练习向完整练习过渡,从慢速练习向快速练习过渡,从无球的模拟练习向悬球挥拍练习过渡。

## 二、羽毛球步法教学训练

### (一)步法动作类型

1. 上网步法

上网步法包含跨步、交叉步和蹬跳步三种,不管选择哪种方式上网,具体的站位标准和预备动作均相同,也就是站到中心点,两脚向两侧分开,与肩同宽,膝盖弯曲,用前脚掌着地,脚后跟抬起朝两边移动,上半身前倾,右手拿拍放到身前,眼睛时刻关注对方来球。

(1)跨步上网。跨步上网主要包括二步跨步上网步法和三步跨步上网步法。具体如下:

第一,二步跨步上网步法。采用二步跨步上网步法时,左脚朝来球方位快速跨出,左脚着地的时候,右脚随即迈出至来球方位击球,将球回击后右脚着地快速返回到球场中心点方位。

第二,三步跨步上网步法。采用三步跨步上网步法时,右脚朝来球方位迈出一步,随即把左脚朝前迈出一步,右脚紧跟着再迈出一步后击球,将球回击后右脚着地快速返回球场中心点。

(2)交叉步上网。交叉步上网主要包括前交叉步加蹬跨步上网步法、后交叉步加蹬跨步上网步法。具体如下:

第一,前交叉步加蹬跨步上网步法。采用前交叉步加蹬跨步上网步法时,左脚朝前跨出一步,着地时抬起右脚,然后右脚着地迈出一步,随即击球,将球回击后右脚着地快速返回到球场中心点。

第二，后交叉步加蹬跨步上网步法。采用后交叉步加蹬跨步上网步法时，右脚朝前跨出一步，随之左脚经过右脚后方再次跨出一步，着地后蹬地，让右脚迈出一大步迅速击球，将球回击后随之右脚着地快速返回至球场中心点方位。

（3）蹬跳步上网。蹬跳步上网经常用于双打以及单打中。具体步法是稍微朝前站立，发现对手需重复击球时，此时双脚着地快速跳到网前，通过扑球方式将球击回，力争在球刚刚经过球网时即刻迅速回击；一旦看出对手仍要打网前球时，快速调整站位并朝前一些，把右脚朝前做稍微调整，在脚刚落地时快速蹬跳，身体向球网扑。采取这种蹬跳式步法时，速度要快，同时也要注意落地时的缓冲，避免由于冲力太大导致与网接触抑或落入对手区域造成违规。

2. 后退步法

后退步法主要包括正手后退步法、头顶后退步法和反手后退法。

（1）正手后退步法。正手后退步法主要包括交叉步与并步后退式或者并步加跳步后退式。具体如下：

第一，交叉步后退步法。采用交叉步后退步法时，右脚向右后侧身退一步，并带动髋部向右后转，接着左脚从右脚后交叉退一步，成为左脚在前、右脚在后、侧身对网的击球准备动作。

第二，并步后退步法。采用并步后退步法时，右脚朝着右后方后退一步，使得髋部朝后转，随后采用并步方式让左右脚挨近，接着右脚朝后转到具体位置，左脚再跟着移动一步，形成右脚朝后、左脚朝前姿势，侧身准备击球。

第三，并步加跳步后退步法。并步加跳步后退步法与并步后退步法的第一二步后退步法相同，第三步采用侧身双脚起跳后到位击球，后双脚落地。

（2）头顶后退步法。头顶后退步法主要包括头顶交叉与头顶并步倒退式，或者是头顶侧身及加跳式。具体如下：

第一，头顶交叉步法。采用头顶交叉步法时，当上身和髋关节迅速朝后面转的时候把右脚朝后倒退一步，再把左脚经过右脚的后面倒退一步形成交叉，随后右脚朝后移动，左脚随之迈进一步，形成右脚朝后、左脚朝前姿势，再侧身向网准备击球。

第二，头顶并步倒退步法。采用头顶并步倒退步法时，上身和髋关节迅速朝右侧进行转动时，右脚朝后退，随之利用并步将左右脚挨近，随后右脚后移到具体位置，左脚紧跟着迈一步，形成右脚朝后、左脚朝前姿势且侧身朝网方向准备击球。

第三，头顶侧身及加跳步法。头顶侧身及加跳步法适用于迅速突击及抢攻式打法。采用头顶侧身及加跳步法时，当上身和髋关节迅速朝右转的时候，右脚往后倒退一步，随后右脚朝后面用力蹬地起身，上体后仰且角度很大，同时于上空中就实现快速击球，这时，左脚于上空做交叉状然后着地，上身收腹让右脚落地且把重心放到右脚，有助于快速回动左脚。

使用这种步法时应注意：①髋部与上身转动要快，右脚倒退到左脚的后面处于横侧方位；②用力蹬跳时朝左后面起跳，让上身朝后仰，左脚于上空交叉后倒退的幅度大一些，左脚的着陆点要超越身体的重心；③收腹时上半身发力，让重心快速转变到右脚上，便于快速收回左脚。

（3）反手后退法。反手后退法指的是通过反手技术，反击对手击来的朝我方后方位场区击高球时移动脚步的方式，具体采取哪种步法反手后退，取决于实际处在什么方位及距离击球点位置的远近程度。反手后退法主要包括一步反手法、二步反手法、三步反手法。具体如下：

第一，一步反手法。选择一步反手法进行击球要确保离球距离较近，开始运动时把重心放到左脚上，把右脚当作轴，身体朝后转，再把右脚朝击球点方位迈出一步，背向网击球。

第二，二步反手法。选择二步反手法时距离球要远一点，把左脚朝后倒退一步，随后身体朝左转，右脚往左后面迈出一步，背向网击球；也可以把右脚朝后倒退一步，左脚往左后侧迈出一步，利用侧身的方式进行击球。

第三，三步反手法。选择三步反手法的前提是距离球很远，右脚首先朝着左脚并步或呈交叉后退以后，左脚再朝左后侧倒退一步，这时上身再朝左转动，右脚往左后侧迈出一步，以背向网的方式进行击球。不管选择何种方式移动，至关重要的一点是：进行最后一步动作时，尽量让右脚挨着击球点方位，便于更好完成击球动作。

3. 两侧移动步法

对中场球进行回击时采用的步法是两侧移动，也就是接对手平射和杀球时选用的方式，在移动之前所处的预备动作及其站位和上述上网步法大致一样。两侧移动步法主要包括左侧移动步法、右侧移动步法、左侧跳步法和右侧跳步法。

（1）左侧移动步法。左侧移动步法包括一步蹬跨法和两步蹬跨法。具体如下：

第一，一步蹬跨法。一步蹬跨法是指当对方球射出时距离身体比较近，此时快速把重心转移到右脚，利用脚掌内侧使劲蹬地，此时把左脚朝左面迈出至具体方位，面向网进行击球。完成击球再利用脚掌内侧用力蹬地返回原位。当发现来球且把左脚朝左迈一步无法到位时，要把重心放到左脚上，用左前掌当作轴并把髋朝左转，再利用右脚内侧使劲蹬地，由左脚朝左迈出到位的一步，背向网进行击球，完成击球后右脚迅速归位。

第二，两步蹬跨法。两步蹬跨法是指当来球着陆点距离身体很远，把左脚先朝着左面跨出一点，随后把右脚往左面蹬地迈出较大步子，背向球网进行击球，完成击球后快速返回到球场中心点。

（2）右侧移动步法。右侧移动步法包括一步蹬跨法和二步蹬跨法。具体如下：

第一，一步蹬跨法。一步蹬跨法是指在球距离身体很近时，把重心放到左脚上，通过脚内侧发力，跟随髋关节带动右脚转移，再朝右方迈出利于击球的步子。

第二，二步蹬跨法。二步蹬跨法是指在球距离身体很远时，将左脚朝左方移动一点，随之把右脚朝右方用力蹬向利于击球的具体方位。

（3）左侧跳步法。左侧跳步法是指假如射来的球弧度不大，此时把左脚朝左方迈出一步蹬地击球。

（4）右侧跳步法。右侧跳步法是指若对手将球射入球场右区并且弧度不大时，先把右脚朝右方迈出一步然后蹬地突击。

（二）步法教学训练

步法教学训练主要包括单一步法训练、常见步法训练、整体连贯训练、多球教学训练和综合教学训练。具体如下：

1. 单一步法训练

单一步法训练是集中练习的一种步法。练习时，先观察教练员的示范动作，然后进行模仿练习，既可以分解练习，也可以完整练习，或者将二者结合起来，从分解、分步向完整动作过渡。集中练习单一步法有助于更好地理解步法动作和熟练掌握各个步法，使步法动作更准确、规范，运用起来更灵活，促进肌肉用力感觉的强化。

如果长时间进行单一步法练习，容易造成肌肉疲劳，而且会因为练习内容单一而产生枯燥感，失去训练兴趣，影响训练的积极性。所以在基本掌握常见步法后，要进行多样化训练。

2. 整体连贯训练

整体连贯训练是指将基本场上步法训练与击球技术训练结合起来进行的训练。在整体连贯练习中，需向练习者强调基本步法的准确性，及时发现步法运用中存在的问题，第一时间予以解决和处理，这样才能使练习者在反复不断的练习中有所收获和获得进步。例如，将上网步法与前场搓球、扑球技术结合起来进行连贯练习，从而使练习者能够置身于现实场景中，从现实需要出发而对恰当的上网步法加以选择，提高练习者对网前球的灵活处理能力。

在场上基本步法训练中采用整体连贯训练方法，有助于培养运动员解决网前球中出现的常见问题的能力，使运动员熟练采用适当的技术技能来处理网前球，并在此过程中更加熟练地运用各个步法。整体连贯训练需和单一步法训练结合起来，交叉采用两种训练方法，弥补单一训练方法的单调乏味，只有多次重复训练，才能使步法更连贯，提高运用效果。

3. 多球教学训练

多球训练指的是运动员在教练员或队友的帮助下运用多个羽毛球来进行某种步法的固定训练。在多球训练中，由教练员或队友抛球，练习者根据判断而灵活选用步法，可多次重复训练一种步法，也可以交叉训练不同的步法。这种训练方法能够将运动员对步法的熟悉程度和运用能力充分反映出来，有助于促进运动员步法运用能力的提高和击球水平的提升。多球训练既能锻炼运动员对基本步法的运用能力，又能使运动员熟练基本步法，对羽毛球运动员来说是非常实用、有效的一种训练方法。

4. 综合教学训练

羽毛球基本步法的训练方法是丰富多样的，任何训练方法的优势和不足都是并存的。因此，应该根据练习者的具体情况而灵活采取不同的训练方法。采用丰富多样的方法进行步法训练，可以弥补单一训练枯燥乏味的缺陷，突破固定训练的局限，使人体疲劳的注意感觉得到转移，提升训练者的训练积极性，最终提升步法训练的实效性。

## 第二节 羽毛球运动的发球与接发球技术教学训练

### 一、羽毛球发球技术教学训练

#### （一）发球动作类型

发球动作包括正手发球和反手发球，羽毛球单打中多采用正手发球，双打中多采用反手发球。

1. 正手发球

（1）发球站位。站位与中线距离适中，不宜太远，一般与前发球线相距 1 米左右。双打比赛中，发球站位离前发球线更近一些。

（2）准备姿势。两脚前后开立，左脚在前，左肩侧对球网，重心落在右脚；右手将球拍举到右后侧，屈肘放松，左手拇指、食指、中指夹球，将球举在胸腹高度。发球时，重心移到左脚。

（3）技术方法。正手发球主要包括正手发后场高远球和正手发网前球。具体如下：

第一，正手发后场高远球。发球时，左手持球，自然屈肘，右手持拍向右后上方摆起，重心前移，右脚跟稍提；左手放球，右臂向前上方挥动，同时右脚蹬地，上体转向正前方，使下落的球在身体右侧前下方的交叉点与拍面碰触。击球时，握紧球拍，手腕闪动，向前上方鞭打击球，手臂随即向上挥起，重心转移到左脚。击球后，微屈膝，做好接发球准备。采用正手发后场高远球技术，可以使球到达对方端线，使对方措手不及，影响其进攻性。

第二，正手发网前球。正手发网前球时，发出的球的飞行弧度较低，飞行距离较短，能够限制对方的接发球，可实现进攻意图，并进行接发球抢网、突击、扣杀。发球时，站位稍靠前；右手放松握拍，左脚支撑重心，右脚跟稍抬。击球时，由前臂带动手腕使拍面从右向左斜切击球，使球轻擦过网，落在对方前发球线附近。

2. 反手发球

（1）发球站位。站位距离发球线 10～50 厘米，注意离发球区中线的距离不要太远，站位也可以距离前发球线和场地边线较近。

（2）准备姿势。面对球网，前后站立，上体稍前倾；右手反握拍，左手拇指和食指捏球的羽毛，球托向下，球体与拍面平行。

（3）技术方法。反手发球主要包括反手发平球和反手发网前球。具体如下：

第一，反手发平球。反手发平球时，小臂带动手腕发力。击球时，抖动手腕，突然发力，拍面要有反压动作。

第二，反手发网前球。反手发网前球时，从后向前推送球拍，使拍面切削球，这样球可以落到接近对方场区前发球线的位置。

### （二）发球教学训练

1. 发高远球、平高球和平射球训练

开始时的站位为球场中间，需按照正确的动作要领发高远球、平高球和平射球，注意球下落后落点的变化。练习方法如下：

（1）从左场区发球，将球的落点控制在对方左场区中线与端线附近。

（2）从左场区发球，将球的落点控制在对方左场区边线与端线附近。

（3）从右场区发球，将球的落点控制在对方右场区中线与端线附近。

（4）从右场区发球，将球的落点控制在对方右场区边线与端线附近。

2. 发网前球训练

运动员在遵守规则的前提下，严格按照发网前球的动作要领，并结合自己的习惯而发球。在单打发网前球的练习中，站位与上述练习相同；在双打发网前球的练习中，站位与前发球线的距离比较近。练习方法如下：

（1）在左场区发球，将球的落点控制在对方左场区前发球线附近的位置。

（2）在规则允许的区域内发球，将球的落点控制在对方右场区前发球线附近的位置。

以上发球练习中，发高远球采用正手发球方法，发其他球则正反手均可。不论哪一种发球，既可采用单人多球练习，也可采用双人对练的方式进行。

## 二、羽毛球接发球技术教学训练

### （一）接发球动作类型

1. 站位与准备姿势

（1）单打接发球。

第一，接发球站位。接发球的站位一般距前发球线 15 厘米左右最为适宜，这样对变化的落点球都能顾到。在右发球区接发球，站位在有效发球区域中心稍靠近中线的位置。

第二，接发球准备姿势。两脚分开站，左脚放在前右脚放在后，并且左脚的脚掌踩地，右脚半撑，膝盖稍微弯曲，左脚踩实，右手拿拍放在胸口前，身体站稳，直视对手，做好随时接发球的准备。

（2）双打接发球。

第一，接发球站位。双打的站位跟单打不同，双打的站位会靠近发球线，目的是为了更好地抢球，站位不同，接发球的区域也不同。在左发球区接球，接发球者站位选择中心位置。

第二，接发球准备姿势。一般是左脚前右脚后，左脚脚掌着地是身体的重心点，膝盖稍作弯曲，右手拿拍并举高，身体保持平衡，直视对手，做好随时接发球的准备。

2. 前场接发球技术

前场接发球技术的注意要点主要包括以下方面：

（1）快速移动到具体点位，右臂稍弯曲，时刻准备着进攻和反攻。移动中身体会有一股冲力，用拍面击打球后将右手收回，并快速退到中心区域，方便随时变换位置。

（2）快速移动到具体点位，左手朝着球飞来的方向伸过去，时刻准备进攻和反攻。接发搓小球时，大拇指和食指间斡旋球拍，身体在大步移动的时候会有一定的冲力，用拍面击球后将左手收起，并快速退到中心区域，方便随时变换位置。

3. 后场接发球技术

由于来球的位置是不固定的，后场接发球技术包括两种：一种是正手接发；另一种是头顶接发，它们的击球位置也是不一样的。后场接发球技术是指快速移动到具体点位，利用上臂回环引拍，将身体的重心放在右脚上，可以跳起来接球。例如打高远球，击球点比较高，是在头的前上方，前臂用力向上挥，手腕手指一同发力回击过去，然后迅速收拍，并退回中心位置，做好下一步准备。

（二）接发球教学训练

羽毛球运动员要将发球与接发球技术结合起来同时进行练习。两名运动员相互配合，一方发球，一方接发球，然后互换角色练习。具体练习方法如下：

第一，多球练习，两人一组，做正手发球（发网前球）与接发球练习。

第二，两人一组，发球者正手发后场高远球、平高球、平快球，接发球者回击平高球或吊球。

第三，两人一组，发球者正手发网前球并结合发后场各种球，接发球者根据来球回击各种球。

第四，两人一组，一人反手发网前球，另一人反手接球回击网前、推后场以及扑球，互换角色继续练习。

第五，两人一组，发球者反手发后场平高球、平快球，接发球者根据情况回击杀、吊球。

## 第三节　羽毛球运动的击球技术教学训练

### 一、羽毛球前场击球动作与教学训练

#### （一）羽毛球前场击球技术动作方法

1. 推球

推球分为正手推球和反手推球，运动员运用正手推球技术时，应站在网前右侧，同时向右平举球拍正对来球，在击球时手腕后伸，爆发力量，快速击球；而运用反手推球技术时，运动位置应变换到网前左侧，同时向左侧上举球拍，手握拍柄应呈放松状态，手腕向外，拇指抵内，在击球时，突然紧握拍柄，手臂带动手腕快速击球，之后还原状态，做好下次接球的准备。

推球技术的特点是击球点高、突然性强，同时动作小且快，丰富和不确定的落点变化增强了来球的威胁性，这是羽毛球比赛中运动员常用的一种技术，用来突击对方的底线。

2. 扑球

扑球技术的攻击性很强，多在网前使用，可直接得分。扑球包括正手扑球和反手扑球。具体如下：

（1）正手扑球。正手扑球是指重心右移，身体向球网右侧快速跃起，球拍与来球相对。击球时，前臂带动手腕和手指快速抖动发力扑接，击球后快速还原。如果来球距网较近，为避免球拍触网犯规，可将手腕从右向左将球压下，采用滑动式扑球方法来回接球。

（2）反手扑球。反手扑球与正手扑球动作相同，方向相反。击球时，手臂伸直外旋，拇指顶压拍柄上端，击球后调整身体重心，快速还原。

3. 搓球

搓球是指快速上网至网前，争取在高点击球，用球拍斜面"搓""切"的方式来击球，使球翻滚旋转，将球的落点控制在对方网前。搓球包括正手搓球和反手搓球。具体如下：

（1）正手搓球。正手搓球是指侧对右网前，上体稍前倾，右手握拍于体前，右脚向右侧前方跨步成弓步，正手握拍，球拍向右前上方斜举。击球时，在球拍

举至最高点时前臂稍外旋，手腕由后伸至稍内收，与网前击球前期动作一致。击球时，要突出"搓""切"的动作，击球点在球的右下底部，击球后快速还原。

（2）反手搓球。反手搓球是指移动到位，手腕前屈至网高处，手背高于拍面。搓球时，用小臂外旋和手腕内收并外展的合力来击球的右后侧底部，击球后快速还原。

### （二）羽毛球前场击球技术教学训练

1. 推球训练

推球技术的训练一般采用多球训练法。推球训练包括原地正手推球和原地反手推球。具体如下：

（1）原地正手推球。原地正手推球包括原地正手推直线球和原地正手推斜线球。具体如下：

第一，原地正手推直线球。甲在右前场区靠近边线的位置，乙在左前场区。乙连续向甲的右前场区域网前扔球，甲用正手推直线球的方式向乙的左后场区域内回击球。

第二，原地正手推斜线球。甲在右前场区靠近边线的位置，乙在左前场区。乙连续向甲的右前场区域网前扔球，甲用正手推斜线球的方式向乙的右后场区域回击球。

（2）原地反手推球。原地反手推球包括原地反手推直线球和原地反手推斜线球。具体如下：

第一，原地反手推直线球。甲在左前场区靠近边线的位置，乙在右前场区。乙连续向甲的左前场区域网前扔球，甲用反手推直线球的方式向乙的右后场区域回击球。

第二，原地反手推斜线球。甲在左前场区靠近边线的位置，乙在右前场区。乙连续向甲的左前场区域网前扔球，甲用反手推斜线球的方式向乙的左后场区域回击球。

2. 扑球训练

扑球时采用蹬跳步的步法，以便在最高点出手扑球。扑球训练主要包括原地扑球和定点移动上网扑球。具体如下：

（1）原地扑球。原地扑球的训练方法主要包括以下方面：

第一，乙连续向甲的右前场区域内发球，甲在原地以正手扑直线球的方式回击。

第二，乙连续向甲的左前场区域内发球，甲在原地以反手扑直线球的方式回击。

第三，乙连续向甲的右前场区域内发球，甲在原地以正手扑斜线球的方式回击。

（2）定点移动上网扑球。定点移动上网扑球的训练方法主要包括以下方面：

第一，乙连续向甲的右前场区域内发球，甲移动上网以正手扑球的方式回击，每扑球一次后迅速回到原位。

第二，乙连续向甲的左前场区域内发球，甲移动上网采用反手扑球的方式回击，每扑球一次后迅速回到原位。

3. 搓球训练

（1）原地搓球。原地搓球是指甲站在右前场区域网前，乙连续向甲网前的一个固定点发球，甲用正手搓球的方式回击。如果甲站在左前场区域，则用反手搓球的方式应对来球。

（2）一点移动上网搓球。一点移动上网搓球的练习方式与原地搓球相似，但要求甲先从球场中心位置移动上网后再搓球，在回击一次后回到原位，准备再次上网搓球。

## 二、羽毛球中场击球动作与教学训练
### （一）羽毛球中场击球技术动作方法

1. 下手中场正手挑高远球

（1）下手中场正手挑高远球动作包括以下技术要领：

第一，准备、引拍动作要领。右脚向右侧跨出一步，根据来球的位置决定跨步大小，到位击球。随步法移动的同时，右上臂稍向右后摆，前臂稍带外旋，手腕后伸到最大限度，形成挥拍的最长距离。

第二，击球动作要领。右前臂向前略有外旋地快速挥动，手腕在击球的瞬间由后伸至快速屈收，拍面向上方挥动。

第三，随前动作要领。击球后，前臂挥至体前上方，然后回动至准备姿势。

（2）下手中场正手挑高远球易犯的错误如下：

第一，准备、引拍动作易犯的错误。右脚未向右侧跨出一步，而是上体向右侧倾斜，导致重心移动不到位，引拍动作未能形成挥拍的最长距离。

第二，击球动作易犯的错误。前臂向前外旋不充分，手腕快速屈收不够，拍

079

面向上挥动不够，导致球向上飞行的弧度未能达到高远球的要求。

2. 下手中场反手挑高远球

（1）下手中场反手挑高远球动作包括以下技术要领：

第一，准备、引拍动作要领。右脚向左侧跨出一步到位，上体稍向左后侧转，球拍引至左侧后，前臂稍有内旋，拍面朝上。

第二，击球动作要领。在前臂往前挥动的同时，手腕由外展至内收伸腕，手指突然紧握拍柄，以产生的爆发力击球托的后底侧部，使球向上飞行。

第三，随前动作要领。击球后，球拍随身体的回转回动至胸前。

（2）下手中场反手挑高远球易犯的错误如下：

第一，准备、引拍动作易犯的错误。上体左后侧转动不充分，使球拍无法引至左侧后，拍面不能朝上，引拍动作未能形成挥拍动作的最长距离。

第二，击球动作易犯的错误。手腕的屈伸发力不够，击中了球托后底部，以致球的飞行线路比较平直，达不到击高远球的要求。

第三，随前动作易犯的错误。上体的回转回动和球拍的回收太慢，影响下回合的准备。

3. 接杀球

接杀球是指运动员把对方杀过来的球还击到对方场区内的击球技术。接杀球是防守的主要技术之一。接杀球有正手、反手之分，根据不同的战术需要，可分为挡网前球、挑后场高球和平抽反击球三种。

（1）挡网前球。挡网前球是指运动员把对方杀来的球，借用来球力量及用手腕、手指的力量，反弹式地把球回击到对方网前场区内的击球方法。挡网前球技术包括接杀近身球，接杀边线球，挡回直线网前球和挡回对角线网前球。

第一，接杀近身球。接杀近身球包括左场区接杀近身球和右场区接杀近身球。具体动作要领如下：

左场区接杀近身球动作要领：左脚向左侧迈一小步，右臂屈肘反手握拍于左侧身前，小臂内旋，手腕外展，球拍后引对准来球，上体向左后侧转动至右肩对网，左脚蹬地。接杀时，握拍要松，预摆动作要小，借用来球力量以及小臂外旋、手腕伸直闪动，食指、中指轻微提拉，其余手指突然紧握拍柄，击球托的中下部位。接杀的瞬间，用手腕、手指控制好拍面角度，使球刚飞越球网后便下坠。

右场区接杀近身球动作要领：右脚向右侧跨一步，两脚略比肩宽，平行站立，上体向右后侧转动至左肩对网，右脚蹬直，球拍向右侧后引对准来球。接杀时，握拍要松，预摆动作要小，借用来球的力量以及手腕外展闪腕的同时，食指、中指往拇指方向轻微提拉，其余手指突然紧握拍柄，击球托中下部位。击球的瞬间，手腕、手指必须控制好拍面角度，使球刚飞越球网后下落。挡回直线网前球时拍面正对球网并稍向后仰；挡回对角线网前球时，则需调整拍面方向朝对方网前的斜对角。

第二，接杀边线球。接杀边线球包括左场区接杀边线球和右场区接杀边线球。具体动作要领如下：

左场区接杀边线球动作要领：左脚向左侧跨一大步，随步法移动使身体稍向左侧旋转，右臂屈肘向左摆，手腕外展反手握拍，球拍引至左肩前。击球时，小臂外旋手腕伸直轻轻挥拍挡切。击球后，球拍随着身体回动收于胸前，准备封网。

右场区接杀边线球动作要领：右脚向右侧跨一大步，随步移动球拍引至右侧，上体侧向右侧，小臂侧伸稍屈肘并略外旋，手腕后伸，球拍向右后引。接杀瞬间，小臂稍有内旋，手腕由后伸至内收闪动，击球托的侧下部。击球后，球拍随身体移动回收胸前，准备封网。

第三，挡回直线网前球和挡回对角线网前球。接杀近身球挡回对角线网前球的动作要领与接杀近身球挡回直线网前球的动作要领基本相同，只是上体的转体速度要快一些，击球时及早轻挥球拍，击球点稍前一些。击球的瞬间，正手击球手腕内收，反手击球手腕后伸，使拍面朝对方网前斜对角。

第四，接杀边线球挡回对角线网前球的动作要领与挡回直线网前球的动作要领基本相同，不同之处只是上体的转体速度要快一些，以便掌握拍面角度，及早轻轻挥动球拍，击球点稍前。击球的瞬间，正手击球手腕内收，反手击球手腕后伸，使拍面朝对方网前斜对角。

（2）挑后场高球。挑后场高球是指运动员把对方杀来的球，利用小臂、手腕和手指力量，挑高回击到对方后场底线去的击球方法。挑后场高球包括正手、反手上网被动挑高球和正手、反手接杀边线球挑后场高球。具体如下：

第一，正手上网被动挑高球动作要领。判断来球，快速垫步上网，持拍手前伸，小臂外旋，手腕伸展将拍子引至右侧下方。击球时，小臂内旋并回收，手腕由伸展至伸直"闪"动，在右侧下方击球托的后底部，把球向前上方挑起。击球后，后撤回位，球拍收回胸前。

第二，反手上网被动挑高球动作要领。判断来球，左脚向前移一小步后后蹬，上体稍左转，右脚向左前跨一大步，反手握拍由身前引向左下方，肘部向前。球将落地时，上体前屈，后脚跟进一小步成弓箭步。球拍快速前挥，手腕由屈到伸"闪"动，击球托后底部。击球后，上体直起，脚后撤回位，收拍于胸前。

第三，正手接杀边线球挑后场高球的动作要领。右脚向右侧跨一大步，同时握拍手向右侧引拍，右臂稍向右后摆并略外旋，手腕后伸到最大限度，使球拍迅速后摆。击球时，以肘部为"支点"，右臂急速向前挥动，手腕由后伸至伸直"闪"动，拍面对准来球，击球托中底部。击球后，小臂内旋，球拍向体前上方挥动，收拍回位。

第四，反手接杀边线球挑后场高球动作要领。右脚向左脚并一步后，左脚向左后侧跨步，上体向左后转，左脚蹬地，右脚向左后侧跨一大步，反手握拍，球拍由身前引至左后下方。击球时，球拍由左后下方经小臂的外旋和手腕的伸展，发力击球托的后底部，使球向前上方飞去。击球后，上体直起回转，脚移动回位，回收球拍于胸前。

### （二）羽毛球中场击球技术教学训练

羽毛球中场击球技术教学训练包括以下方面：

第一，灵活握拍，根据不同来球，用手腕、手指控制击球的力量、角度和方向。

第二，徒手挥拍练习或多球练习。

第三，以肘为轴，以前臂带动手腕做小幅度快速挥拍练习，体会恰当的击球时机。

第四，接各种来球，不断变化移动步法和手法进行练习。例如，多进行接杀球练习以训练反应速度和判断能力。

第五，根据不同来球而调整准备姿势、拍面角度、动作力量、动作速度的练习。

第六，进行多球专门练习，提高控球能力。

## 三、羽毛球后场击球动作与教学训练

### （一）羽毛球后场击球技术动作方法

1. 后场击高远球

（1）正手击高远球。正手击高远球的动作要领是判断来球，移动到位，站在球下落的左下方，侧身左肩对网，右脚支撑重心，右手将球拍举到右肩上方，左手自然高举，待球下落时，放松握拍。击球时，蹬地、转体收腹，大臂带动小臂向前上方甩腕，在高点击球。击球后，手臂随挥并收拍至体前，然后迅速还原准备姿势。

（2）反手击高远球。反手击高远球的动作要领是判断来球，移动到位，站在球下落的左下方，右脚前交叉跨到左侧底线附近，肘部上抬略高于肩，拍面朝上。击球时，以肘关节为支点抖腕，拇指侧压，自下而上甩臂击球。击球后，顺势转体面向球网，退回中心位置。

2. 吊球

（1）正手吊球。正手吊球的准备动作和前期动作参考正手击高远球。需要注意的是，击球时拍面要稍微向内倾斜，手腕快速切削下压，主要击球托的后部和侧后部。

（2）反手吊球。反手吊球的准备动作参考反手击高远球，但注意吊直线球时，用球拍反面切削球托后中部、右后部或左后部，使球落在对方场区前发球线附近。

（二）羽毛球后场击球技术教学训练

1. 高球训练

（1）原地直线高球。原地直线高球教学训练中，甲、乙的站位都是靠近球场端线的一个角，双方均以原地直线高球的方式发球与接发球。

（2）原地斜线高球。原地斜线高球的站位同上，要求双方均采用原地斜线高球的方式来发球与接发球。

（3）移动直线高球。移动直线高球教学训练中，甲在靠近端线的位置击固定路线的直线球，乙移动到位以直线高球的方式回击，击球后回到原位。

2. 吊球训练

（1）原地定点吊直线。原地定点吊直线教学训练中，甲站在底线位置，原地采用定点吊直线球的方式向乙任何一个场区的网前位置击球，乙在网前挑球回击。

（2）正手一点吊前场二点。正手一点吊前场二点教学训练中，甲站在底线位置，交替向乙的网前两个角吊球；乙向甲的位置回击，让甲进行以一点对前场两点的正手吊球练习。

## 四、提升羽毛球击球技术质量的方法

（一）制造合理的弧线

羽毛球被击打后，会因为力的作用而在空中飞行产生一定的弧度，打击力度不同，羽毛球在空中显现出的弧度大小也不同。羽毛球在空中略有弯曲的飞行线叫作弧线，研究弧线是为了能更好地掌握羽毛球在空中运动的规律，能更好地了解来球的落点等问题，并迅速做出合适的回应，争取回击出更高质量的球。羽毛球的曲线弧度在开始的时候比较小，之后会随着力的减小弧度越来越大，直至最后快速地垂落，这跟羽毛球的形状、制作材料、大小以及外界的环境因素都有关系，所以研究弧度的时候，也应将这些因素考虑进去。

关于弧线问题，主要研究以下方面：①弧度即弯曲的程度；②弧线的长短，即球被打击后在空中运行的长度；③球的高度，根据球的高度往往能间接判断出球飞出的距离；④球飞出的距离，就是球从起点到落点的直线距离；⑤球会飞往哪个方向的具体位置。

在参加羽毛球比赛时，一定要注意羽毛球飞行弧度的大小，当然个人的技术水平也会对此产生很大的影响。球的落点场区不同，对弧度的要求也不同。另外，即使落点是同一场区对弧度的要求也不尽相同，如中后场的吊球和击高远球就对弧度的要求不一样，高远球弧度大，飞行距离也长；吊球弧度小，飞行距离也短。每一种弧线的形成都是以技术为前提的，一般会考虑以下因素：

第一，了解影响弧线形成的因素，如弧度、弧线距离。这需要丰富的训练经验和灵敏的判断力，能够快速地反应出需要什么样的弧度和怎样击打合适。

第二，了解技术球所需要的弧线情况，即每一种类型的球需要多高多远。比如高远球具体需要打出多大的弧度、多远的距离，对这些都要充分了解，才能更好地回击。

第三，羽毛球对打时，要根据来球的具体情况去随时调整方向、力度和角度。击球的角度一般是由拍形决定的，而用力的大小则决定了羽毛球飞行的速度。全方位配合，才能打出理想的弧度，才能打出高质量的球。

### （二）加快击球的速度

球速就是球拍击中羽毛球后，羽毛球运动得是快是慢，以及落入对方半场需要的时间的多少。羽毛球运动获胜的秘诀是快，只要球速够快，就可以限制对方，打乱对方的节奏，让自己取得胜利。所以，球速既是技术层面，也是战术、战略层面的问题。羽毛球球速包括两层含义：一种是绝对速度，指的是球自身在空中飞行的速度；另一种是间接速度，指的是球员把羽毛球发到对方半场所用的时间多少。增加绝对速度比较容易，仅仅需要运动员击球的力量大，球的运动速度就会变快。增加间接速度不太容易，因为影响它的原因包含多个方面，较为复杂。对方击球所在的地点及打球的方法、对方打球使用的技术、选择的打球时间、击打球时力量的大小、形成的弧线是高是低、球掉落的位置是远是近等都会影响间接速度。提高羽毛球的速度包括以下三种方法：

第一，回球的速度要快，在击打球的时候有力量的支持，控制好击球的角度及方向，适当地对弧线落点有所把控。

第二，提高接球的反应力和接球时的运动速度。速度快了，才有可能打出高速球，相互制约配合，加强训练，为比赛创造优势。

第三，提高挥拍接球速度，除了脚上的动作要快，手臂、手腕的动作同样要迅速。另外，力量也是一方面因素，所有的运动都要有力量支撑。

（三）加大击球的力量

作用于球上的力量对击球质量的影响至关重要，如果击打过去的球力量十足，球的速度就会加快，缩短飞行时间，对手也就没有充足的时间去思考反应，而且力量越大，冲击也就越大，对手会比较容易手忙脚乱从而造成一定的失误。羽毛球飞行的速度，是击球力量大小的主要体现。提升击球力量主要包括以下方法：

第一，拉大挥拍距离。加速距离变长，会加大球拍的力量，打到球时冲击也会变大。

第二，身体协调配合。单纯靠手臂手腕就想把球快速击打出去并不现实，还要靠腰、腿、手指等各部位的配合，每一个部位的力量都集中发挥，将力量汇集到一处，使尽全力将球回击出去。

第三，击球前放松身体。击球前要适当做好放松，这样在准备击球时才能将力量更好地发挥出来，不会造成疲劳。如果身体一直处于紧张的状态，不仅不利于发挥，还会造成不利影响。

第四，选好击球位置。击球位置的选择很重要，可以使击球动作顺利完成。只有动作做到位了，击出的球的质量才有可能发挥到位。

第五，增加力量训练。主要是要增强身体各个部位的力量，包括手腕、手指、手臂、腿、腰，每一个部位都要舒展开并训练到位，只有各部位力量到位了，才能在比赛的时候爆发出来。

（四）加强击球的旋转

打羽毛球时，有网前搓球动作，这个动作是羽毛球的基本技术动作之一，也是唯一可以改变羽毛球飞行轨迹的动作。搓出的球轨迹不定，发出去后对手不一定能及时反应出回击球的方向，对回击球的稳定性会有影响。加强击球旋转主要采用以下方法：

第一，击球的角度。这个角度是指观察羽毛球过来的距离，随时调整拍面击球的角度。如果来球离网比较远，就可以选择斜拍面；如果来球离网较近，就将击球的拍面斜度加大，近似平面搓捻切击。搓球动作包括收搓与展搓两种。收搓动作是指击球时力量是从展腕至收腕发力；展搓动作是由收腕至展腕发力。

第二，击球的部位。正手搓球，收搓的时候是右向左斜拍切击，这样可以让球旋转过网。展搓的时候，拍面是从左向右斜拍面切，可以让球翻滚过网。

第三，击球的力量。正手搓球主要是依靠手指，尤其是食指的力量，反手则是主要靠拇指，掌握好角度和部位，靠拍面击球时的摩擦让球旋转过网。如果击球的力量小了，球体只会停留在原地打转，很难向前运行，但若击球的力量太大了，球会发生向上弹的状况，而且不会旋转，球托很难跟拍面产生黏性，球体很难旋转起来。

### （五）打出较好的落点

球的落点是指对方把球从对面打到自己区域的某一个位置。根据球的落点可以划分出不同的区域，比如前中后三个场区，而每个场区又可以分为左中右三个部位，所以细化出来，可以分为九个落点区。运动员需要根据落点区的不同，设定不同的打法。比赛的时候，运动员要能够提前预测到球的落点，迅速做出反应并处理回击。如果达到这个程度，说明运动员在技术上已经基本满足了要求。

## 第四节 羽毛球运动技术训练的创新方法

### 一、落点控制训练

在羽毛球比赛中，球的落点至关重要。不管是发球还是接发球，都要控制好球的落点。在羽毛球技术训练中，需重视落点的控制性训练，将落点控制训练融入发球与接发球训练、击球技术训练以及专项体能训练中，提升运动员对羽毛球落点的控制能力。羽毛球落点控制训练的创新方法主要包括以下两种：

#### （一）运动视觉训练

运动视觉训练是落点控制训练的基础。在羽毛球比赛中，双方都要时刻关注球的位置变化，根据判断而迅速回击，这对运动员的视觉能力提出了很高的要求。因此，必须加强视觉训练，使运动员能够及时捕捉对手的细微动作和细节，迅速处理通过视觉器官获得的信息，进行快速判断，准确而灵活地应对来球。羽毛球运动员的视觉训练是与专项运动相结合的运动视觉训练，必须以一般的视觉训练

## 第三章　现代羽毛球技术教学训练与体能提升

为基础，先做好基础训练，再进行专项训练。

### （二）定点重复训练

在运动视觉训练的基础上进行定点重复训练，需要划分场地区域，在固定区域进行重复不断的练习，加强肌肉记忆，从整体的视角看待人、球、拍的相互关系，将三者融为一个整体，提高整体动作过程的流畅性与协调性，提高动作效果。在以定点重复训练为主的训练模式中，要配合辅助性训练，如定点发球、多点接球等，同时可结合实战进行模拟训练，促进运动员球感的提升和实战能力的强化。取得一定效果后，需要根据运动员的实际情况，制订个性化训练方案，在各项击球技术中采用定点重复训练的方式进行练习，并将技战术结合起来，提高运动员的制胜技能。

对羽毛球运动员来说，羽毛球落点控制训练是提高竞技能力的有效手段。如促进运动员判断能力和应变能力的提升，使运动员更加熟练各项技战术，提升其竞赛能力。但如果长期进行单一的落点控制训练，容易导致运动员思维模式固定甚至僵化，不利于运动员在比赛中灵活应变。为了避免这一问题对羽毛球运动员的比赛表现造成不良影响，在日常落点控制训练中应多结合实战条件进行模拟训练，多安排不同的运动员进行对抗练习，从而在提高运动员落点控制能力的同时丰富其实战经验。

## 二、运动意念训练

### （一）意念训练的过程与作用

1. 意念训练的过程

意念训练有良好的心理学效应，适用于青少年羽毛球运动员的训练与培养中。在青少年羽毛球运动员训练中采用意念训练方法时，需要边听讲解边观察示范，然后自然站立，放松身心，眼睛微合，深呼吸，通过意念（回忆）的方式完成动作练习，从而更好地掌握技术，不断提高技术水平。

2. 意念训练的作用

（1）从运动技能形成过程分析，意念训练的作用如下：

第一，初步形成阶段。在意念训练中，运动员要先听讲和观看示范，然后进行意念练习，要求听和看时高度集中注意力，初步形成正确的动作概念，在视觉和听觉信息的提示下完成意念活动，从而使相关肌肉群参与动作完成过程，促进运动知觉的形成。

第二，巩固与掌握阶段。教练员要及时发现运动员的问题，分析原因，纠错指导，使运动员掌握正确的技术动作。此外，通过意念训练检验动作，改进动作，达到自动化水平。

（2）从运动技能的反馈原理分析。运动技能的反馈原理是：外界刺激作用—知觉机制—处理机制—运动中枢—运动器官。意念训练法是特殊的学习与练习过程，具有目的性、程序性和指导性，能够使运动员对训练目的和要求有所明确，将其训练动机成功激发出来，在练习过程中主动思考，勇于探索，以取得良好的训练效果。

（3）从运动过程的心理机制分析。训练中的想象活动是肌肉活动与智力活动的结合，运动员在主动发挥聪明才智的积极活动中完成动作。意念训练能够使运动员形成正确的动作表象，在练习前进行自我暗示，保持适度紧张，提醒自己要完成好动作。意念训练中的大脑活动和身体活动是第一和第二信号系统相互结合的活动，通过这种联系能够使运动员更好地掌握技术动作。

（二）意念训练的应用

在羽毛球技术训练中采用意念训练，需注意以下方面：

第一，不管是对技术动作的讲解还是示范，都要着重突出重点、提示难点，使运动员高度注意。

第二，教练员运用恰当的指导性语言提醒运动员在意念训练中主动运用思维能力，放松心理，集中注意力，保持稳定的情绪，激发运动员的训练兴趣。

第三，在比赛前引导运动员运用意念法重复技术动作过程，从而使其在比赛中熟练运用各项技术。

## 第五节　羽毛球运动体能素质的提升策略

羽毛球体能素质主要包括身体、力量、速度、耐力、灵敏、柔韧六个方面。"羽毛球运动是一项强度大、持续时间长的隔网对抗项目，其自身的高强度决定了运动员需要保持良好的身体素质。"[1] 要不断提升羽毛球体能素质，这样才能更好

---

[1] 邹海韵，唐勇．羽毛球运动员合理膳食分析[J]．中国食品，2022（16）：155.

地开展羽毛球运动，取得良好的运动效果。

## 一、羽毛球身体素质的提升
### （一）羽毛球身体素质训练的原则
1. 科学性原则

运动员的成功离不开科学训练。训练方法要遵循科学规律，这样有助于运动员在极短时间内迅速取得训练效果。坚持科学训练原则，需注意以下两个方面：

（1）关注身体素质发展敏感期。每一个运动员的身体素质发展敏感期都各不相同，掌握好规律，有助于促进身体训练发展，取得良好效果。运动员的耐力、速度、灵敏、力量等都有不同的发展敏感期，针对不同方面要采取不同的手段和措施，明确目的和需求。每一个成长时期的身体素质和发展需求要进行匹配，掌握好身体素质发展敏感期的基本规律，从而科学地选择训练模式和方法。针对每一位运动员在不同发展期的特征采取不同的训练模式，这样更有助于运动员高效、高品质地取得最佳训练成果。

（2）关注身体负荷的最大限度。运动负荷是指运动员在训练或比赛过程中所产生并且要承受的生理负荷限度，主要受时间因素、力量强度等影响。科学地安排运动负荷有助于提高运动水平。一般情况下，身体素质训练安排较密集，但强度较小；在比赛期间，则与之相反，采用频率低、强度大的训练模式。

一方面，运动员的动作质量与负荷成正比，因此，为了科学地掌握负荷限度，需要进行刺激训练，加大机体反应强度，让身体进行超量恢复，从而提高运动员的机体训练水平。

另一方面，人体的技能水平呈波浪式上升曲线，身体素质的运动负荷限度要逐渐增长，经过身体适应后才可逐渐加大。负荷量的加大要讲究适量增长，要高、中、低交替安排，而衡量负荷量的标准则是让身体处于疲劳状态下所保持持续性兴奋的时间，把握了负荷量的上下限度有利于快速提高运动能力。

2. 长期性原则

不同类别的运动项目有不同的训练周期。羽毛球运动员的身体素质培训周期较长，在培训初期就应做好长期的、全面的、循序渐进的训练准备，遵循身体素质的发展规律，用科学的手段提高竞技水平。在训练初期，运动员的身体素质较弱，承受能力也较差，所以要采用由浅至深、从简单到困难的训练模式，在训练过程中，再调整负荷量的大小，循序渐进地提高身体综合素质。随着训练过程的积累，多年的严格训练已经使运动员的身体产生变化，承受能力达到新高点，此时便进入力量型的素质训练。在顶尖训练阶段，则要注重保护性身体素质训练的内容。

3. 差异化原则

差异化原则指在身体素质训练中依据每位运动员的具体情况来确立训练任务、选择训练内容。合理运用差异化原则，对提高教学训练质量有着重要意义。每一个学生的身体素质都不同，无论是班级内还是团队里，都要结合年龄、个性、特长、先天生理条件和成长环境等不同因素，开展针对性的教学训练，从要求、内容、负荷量和训练方法上与学生的自身条件进行匹配，从而提高教学训练的质量。教练制订训练计划时要充分了解运动员的个体差异和素质水平，既要考虑到统一要求，也要考虑到个人因素，做到因材施教，开展针对性训练，在统一中满足个性需求，这样才能更好地制订训练内容和任务指标，从而达到良好的训练效果。

4. 全面性和专项性结合原则

全面性身体素质训练是指运用各种身体练习的方法和手段，使运动员身体各器官的机能得到普遍提高、身体形态得到全面改善、身体素质能力得到全面发展，为日后提高羽毛球专项运动技能打下坚实的基础。专项身体素质训练指在身体素质训练的手段和方法基础上，采用与羽毛球运动特点及技术动作相适应的方式，辅以专门的辅助练习，发展羽毛球运动所需的专项身体素质和能力。

每个运动员的先天生理条件不同，教练员在安排训练内容时，要结合运动员的年龄、素质水平和实际状况等因素制订训练方式。人体的器官和运作机制是相互制约、相辅相成的，当身体内的机能系统得到提升，会使身体的工作能力和承受负荷力达到新的水平，但是技术水平达到高点后，会导致其他素质无法及时与其匹配，或是身体内的器官无法协调，从而导致技术水平处于停滞阶段。如果到达训练平台期，教练员则需将专项身体素质训练和全面身体素质训练结合起来，再通过加强训练刺激负荷增长，从而打破机体平衡和平台期，促使身体建立新的平衡体系，帮助运动员将技术水平提高到新的层次。

每一个运动员的训练周期和强度都有所不同，教练员在开展专项和全面身体素质训练时，也应考虑这些差异性因素，结合运动员的身体条件，制订有针对性的内容。在运动员训练初期，身体素质较弱，技能水平较差，因此，这一阶段应注重身体素质的综合发展，为后续提升工作做准备，不宜加大力量训练和承受能力训练。如果训练内容出现偏差，则会导致运动员的肌肉负荷过重，出现损伤，所以对年龄较小、身体素质较差的运动员来说，全面身体素质的训练应更多一些，以打好全面身体素质为目标，专项训练作为辅助内容即可。但对于年龄较大、身体素质较好的运动员来说，可加大专项身体素质的训练，而将全面身体素质训练为辅助内容。这样的教学模式可以满足不同阶段和水平的运动员训练需求，由此达到更好的训练效果。

**（二）羽毛球身体素质训练的应用**

1. 结合运动员的实际情况

运动员的综合素质水平差异性较大，各项身体条件和承受能力的水平也不同，所以身体素质训练需要从实际出发，根据个人条件和需求安排针对性素质训练。如羽毛球运动员的技术类型和个人喜好各不相同，所以对身体的素质要求也有所差异，在安排训练时，就应结合运动员的技术特点、年龄、性别和先天条件来合理安排运动强度，循序渐进地提升承受运动负荷能力。教练员在制订身体素质训练方式时，应尽量一举多得，如变速跑训练就同时满足了速度和力量训练，这也与羽毛球运动的训练需求相匹配。

2. 结合羽毛球运动的特点

不同类别运动的项目特点影响着训练内容和训练方式。羽毛球运动更注重反应速度、灵敏度和心理承受能力，所以训练内容上侧重训练运动员的速度和灵敏度，力量训练则为辅助内容。根据不同的训练周期和技术训练，合理安排身体训练内容，比如在技术训练中，若想提高移动中正手抽球的能力，就要在专项素质训练时加大步法移动速度和频率，侧重练习步伐启动速度的内容。至于身体承受能力和强度训练，则需结合羽毛球竞赛的实际需求，训练内容要最大限度地接近羽毛球运动的技术特点。

3. 各项素质训练相互促进

教练员为运动员制订身体素质训练内容时，应考虑各项素质之间的先后顺序和强度，比如，灵敏训练和速度训练应该安排在力量和耐力素质训练之前。而进行技术训练时，应注意将挥拍训练、步法训练与腰背肌肉力量训练进行分组练习，让运动员的身体机能和肌肉协调发展，轮流得到间接性休息。

各个身体素质之间的关系相互促进、相辅相成，为了达到更好的训练效果，要尽量避免素质之间相互制约、相互影响。比如在进行耐力跑训练时，应注重选手的训练次数和强度。除了综合训练外，还需要结合专项特点来促进肌肉群力量的提升，如果只是单纯地加大负荷承受力训练，则会导致肌肉的弹性和放松能力下降，使速度训练产生负面效果，对成绩提高产生不利影响。

在进行速度训练时，应根据训练阶段的不同，采取差异性训练模式。训练初期可加大短跑练习强度或上肢动作练习，由此提高神经的兴奋性来取得较好的训练效果。训练后期可进行弹跳力练习，协调中枢神经系统的工作机理，使速度和力量同时得到提升。

在进行耐力训练时，可在快跑或频率训练内容上加大强度，防止爆发力下降。而协调性和灵敏度的反应练习可安排在运动员精力充沛时进行，由于中枢系统的兴奋程度与素质细节成正比，所以在精力充沛时有利于提高准确性，使灵敏度和协调性技术水平达到新高点。

4. 合理把握负荷的量和强度

影响负荷大小的因素主要是负荷强度和负荷量。练习的次数、数量、时间、组数、距离以及重量等就是负荷量，而练习的重量、密度和速度则是负荷强度。负荷量与负荷强度之间有着密切的联系，负荷强度对选手的身体条件影响较大，要合理安排训练内容，调节两者之间的关系，采取科学的训练方式，才有助于提高运动员的训练水平，一般情况下，负荷强度越大，负荷量越小，而强度适中时，可加大负荷量的训练。循序渐进地增大运动负荷承受力对现代训练方法有重要的影响，身体素质训练也是同样的道理，运动负荷训练内容在整体训练中是呈波浪式曲线上升的。

训练周期的阶段性特征决定了负荷量和负荷强度的大小。阶段性练习需严格把握量和强度的比重，在训练初期，练习次数较多，时间较长，但强度需降至最低；训练后期则要减少练习数量和时间，提升训练强度；在决赛期着重进行稳定训练，适量提升训练强度并保持稳步水平，保证强度训练的同时再提高专项素质水平训练，从而为开展下一个新的训练周期打好坚实基础。

5. 注意防止出现运动损伤

教练员在训练过程中要严格把控训练强度，防止运动员出现运动损伤的情况。在训练前要充分做好热身活动，对训练场地的用具进行检查，规范运动员的训练动作，防止出现意外情况。训练后要进行放松和按摩，活动关节并拉伸肌肉组织，让运动员在休息时更快地恢复体能，消除疲惫。

## 二、羽毛球力量素质的提升

力量素质是身体或身体某部位用力的能力，也是肌肉在活动（运动）时，克服阻力的能力。发展力量素质对改善人体的形态结构、能量代谢、神经系统调节能力以及植物性机能都有积极影响。力量素质是羽毛球运动员身体素质中最基础的素质，对其他身体素质有着重要影响，因此必须通过科学训练打好基础，以增强羽毛球运动员的肌肉力量，并促进其他身体素质的发展。

（一）上肢力量提升策略

上肢力量训练的主要策略包括六项哑铃操和负重挥拍训练。具体如下：

1. 六项哑铃操

六项哑铃操的训练内容主要包括哑铃前臂头后举练习、哑铃两臂上下8字绕肩练习、哑铃前臂屈伸练习、哑铃手腕屈伸练习、哑铃体前手腕绕8字练习、哑铃体前前臂挥动8字练习。

以上每个动作依次完成为1组，每次练习4～6组。

2. 负重挥拍训练

用装满沙子的饮料瓶或是羽毛球拍（道具）负重，交替做与击球动作相似的练习，发展上肢力量。负重挥拍训练的内容包括以下方面：

（1）前臂屈伸练习。持拍手持握一道具，屈臂举至肩上方，上臂固定不动，以手肘为轴心，做前臂、手腕前后快速屈伸练习，当手臂伸至肩上方最高点时，手腕配合做内旋击球动作。

（2）前臂前后快速挥臂练习。持拍手持握道具，置于体侧肩以上部位，以肩为轴心，快速做前臂前后摆臂练习。

（3）手腕屈伸练习。持拍手持握道具，直臂举至肩上方，前臂和肘部均不移动，仅以手腕快速做前后屈伸练习。

（4）手腕环绕练习。持拍手持握道具，置于体前固定位置，分别以腕或以肘为轴心，用手指或手腕交替做环绕挥动练习。

（5）后场击高球或杀球动作挥拍练习。持拍手持握道具做高球或杀球击球动作的挥拍练习。既可原地练习，也可以结合后场转体起跳击球练习，要保持一定的挥拍速度。

（6）体侧正、反手抽球动作挥拍练习。持拍手持握道具，在体侧做正、反手抽球动作挥拍练习。

（7）反手高手击球动作挥拍练习。持拍手持握道具，置于体侧左肩上方，做反手高手击球动作挥拍练习。

## （二）下肢力量提升策略

下肢力量训练的主要策略包括下肢负重跳跃和杠铃负重。具体如下：

### 1. 下肢负重跳跃

下肢负重跳跃训练内容如下：

（1）全蹲向上起跳练习。

（2）收腹双腿跳练习。

（3）单或双脚全力向上纵跳练习。

（4）单或双脚向前后左右跳跃练习。

（5）弓箭步左右两侧并腿转髋跳练习。

（6）弓箭步前后交叉腿跳练习。

（7）单或双脚蹬台阶跳跃练习。

（8）左右体前交叉跳跃转髋练习。

### 2. 杠铃负重

杠铃负重训练内容主要包括前脚掌蹬跳练习、左右脚蹬高练习、原地左右蹬胯弓箭步练习、交叉弓箭步跳跃练习。

## （三）躯干力量提升策略

躯干力量提升策略包括腰部肌肉训练和实心球训练。具体如下：

### 1. 腰部肌肉训练

腰部肌肉训练主要通过负重踢腿练习和腰部前俯后仰练习进行。训练方法具体如下：

（1）左右脚正踢腿练习。前踢腿向上踢得快速而且具有爆发力，支撑腿踝部要配合前踢腿做提踵动作。

（2）左右脚侧踢腿练习。侧踢腿向上踢的同时，髋部要配合做侧转，支撑腿配合侧踢腿做提踵动作

（3）左右脚后踢腿练习。后踢腿向后踢的同时，上体做后仰动作。

（4）腰部前俯后仰练习。两腿与肩同宽侧靠肋木站立，非持拍手扶住肋木，腰部做前俯后仰练习。练习中当身体后仰时，持拍手尽量摸足跟部。前俯时，持拍手由后仰动作配合击球动作向前上方用力挥动，带动腰部以类似正手击球做大弧度的转髋、转肩动作，加强腰背部位的韧性。

### 2. 实心球训练

实心球训练的方法具体如下：

（1）左右转体练习。两人一组，相距1米左右，背对背站立，两人持实心球做相反方向的转体传接球练习。要求转体时双脚不移动，仅上体快速左右转动，速度越快越好。

（2）躯干前后屈仰练习。两人一组，相距1.5米左右，背对背站立，持实心球以前屈后仰动作完成一人上接、一人下传的传接球练习。

（3）抛掷实心球练习。两人一组，相距10米左右，面对站立，做双手或单手肩上抛掷球练习。要求运用类似鞭打的动作将球抛出，距离越远越好。

### 三、羽毛球速度素质的提升

速度素质是羽毛球运动员体能训练的核心内容。"运动员必须具备良好的速度素质，才能适应现代快速打法的需要。"[1]羽毛球速度素质的提升主要围绕反应速度、移动速度、动作速度等方面来进行。

#### （一）反应速度提升策略

羽毛球反应速度的提升策略包括以下方面：

第一，场地步法练习。场地步法练习是指听或看信号进行快速全场移动步法练习，以及前场、中场和后场各种分解和连贯步法练习，看手势进行各种向前后左右的并步、垫步步法练习，以提高运动员的反应速度。

第二，起动步法练习。起动步法练习是指听或看信号做起动步法练习，以提高运动员的判断能力和反应速度。

第三，击球挥拍练习。击球挥拍练习是指听教练员喊1、2、3、4等数字口令，按照预先约定的姿势做击球挥拍动作练习。

#### （二）移动速度提升策略

羽毛球移动速度的提升策略包括以下方面：

第一，发球上网步法练习。发球上网步法练习是指在端线发球位置发球后，迅速接上网步法。

第二，场地四角跑练习。场地四角跑练习是指沿半块球场的长方形边线快速冲跑，在转角处变换方向要快。

#### （三）动作速度提升策略

羽毛球动作速度的提升策略包括以下方面：

---

[1] 战红. 浅谈羽毛球运动的速度 [J]. 沈阳体育学院学报，2003，22（3）：104.

1. 快速跳绳

快速跳绳可通过以下两种方法进行。具体如下：

（1）单足快速变速跳练习。采用1分钟快、1分钟慢的小密频步、高抬腿、前后大小交叉步等专项步法动作，做快速变速跳绳练习。

（2）1分钟快速移动跳练习。1分钟内以最快速度完成前后、左右场地移动跳，要求突出速度，以速度快者为佳。

2. 多球练习

多球练习可通过以下三种方法进行。具体如下：

（1）快速封网练习。练习者站前发球线附近准备，陪练者站场地另一侧快速持续地发平射球，练习者快速持续数次移动至网前封击。

（2）多球前场快速接吊、杀球练习。练习者于中场位置以防守站位准备，陪练者站在同侧场地前场位置用杀球和吊球线路向练习者抛球，练习者连续做被动接吊、杀球练习。

（3）快速击打全场球练习。练习者站在单打场地中心准备，同伴站在场地另一侧运用多球向练习者发各种位置的球，练习者跟上发球速度，连续快速地回击。

3. 快速挥臂

快速挥臂可通过以下六种方法进行。具体如下：

（1）前臂屈伸快速挥拍练习。持拍手臂贴耳置于肩上，上臂不动，以肘为轴，仅以前臂屈伸击球的动作做快速持续的挥拍练习。

（2）前臂体侧前后摆动挥拍练习。持拍手置于与肩齐平的高度，手肘微屈，前后摆动，用类似拍打陀螺的动作做快速摆臂练习。

（3）手腕前屈后伸快速持续挥拍练习。持拍手臂贴耳置于肩上，上臂和前臂伸直不动，仅靠手指控制握拍，手腕以前屈后伸动作做快速持续的挥拍练习。

（4）手腕快速绕8字挥拍练习。持拍手在体前，以肘为轴固定不动，手指放松握拍，仅用手腕沿8字形线路快速持续地做挥拍练习。

（5）快速抽球挥拍练习。按信号或节拍做各种正、反手快速持续抽球动作的挥拍练习。

（6）快速连续杀球挥拍练习。上下肢协调配合，用完整杀球动作快速持续地做挥拍练习。

4. 击墙壁球

击墙壁球可通过以下两种方法进行。具体如下：

（1）封网动作快速击球练习。面对平整墙壁1米左右距离站立，在头前上方以封网动作向墙壁连续快速击球。

（2）接杀球击球练习。面对平整墙壁1米左右距离站立，用接杀挑球或平抽球动作快速向墙壁连续击打前腰部上下位置的球。

5. 下肢快速频步

下肢快速频步的练习内容包括以下方面：

（1）原地快、慢变速高频率小密步踏步练习。

（2）原地快、慢变速高抬腿练习。

（3）原地快、慢变速向前、向后屈腿踢练习。

（4）原地快、慢变速转髋练习。

（5）原地快、慢变速体前左右交叉跳练习。

（6）原地快、慢变速向前小垫步接向后蹬转练习。

练习时，需按照慢—快—最快，再由最快—快—慢的节奏进行，时间控制在20秒慢转为30秒快，或是1分钟快再接30秒最快的速度交替进行练习。

## 四、羽毛球耐力素质的提升

耐力是对抗疲劳与疲劳后快速复原的能力，也是坚持剧烈活动的能力。耐力尤其是速度耐力对羽毛球运动员具有非常重要的作用，因此提升羽毛球耐力素质至关重要。提升羽毛球耐力素质主要包括三种策略，具体如下：

（一）冲刺跑加移动步法训练

冲刺跑加移动步法训练是指200米、300米或是400米全力冲跑后，立刻进行45秒或1分钟全场移动步法练习，两项内容为一组，中途没有间歇，组间间歇3分钟左右。依据练习者的具体情况，可采用2组、3组、5组不等地练习。

（二）多球速度耐力训练

多球速度耐力训练的具体内容包括：①多球后场定点连续击打高吊杀练习；②多球连续被动接吊杀练习；③多球连续全场杀球后上网练习；④多球双打后场左右连续杀球练习；⑤多球全场封杀球练习；⑥多球全场跑动练习。

（三）单打持续全场进攻防守训练

单打持续全场进攻防守训练是指运用5～6个球，一人专门负责捡球，出现失误时立即再次发球，练习者没有间歇，在规定时间内以较高速度反复移动击球。练习内容包括：①二一式 20 或 30 分钟不间断持续全场进攻练习；②三一式 30 分钟不间断持续全场接底线和网前球练习；③三一式和四一式单打全场或是双打半场及全场防守练习。

### 五、羽毛球灵敏素质的提升

灵敏是一种综合素质，是运动技能和各种素质在运动中的综合体现。羽毛球运动员在球场上完成各种移动、转向、跳跃及击球动作都离不开良好的灵敏素质，因此需重视提升灵敏素质。

#### （一）上肢灵敏提升策略

1. 手腕前臂灵敏性训练

手腕前臂灵敏性训练内容包括：①快速和变向用手接各种前半场小球练习；②快速左右前后一步腾空接球练习；③快速用手接上下左右和前后位置来球的练习。

2. 手指灵敏性训练

手指灵敏性训练主要包括三种方法。具体如下：

（1）捻动球练习。手持球于网前，用手指捻动球，使球在手掌内做上下、左右的翻滚练习。

（2）抛接球练习。手持球，将球向前后左右和向上抛起，再用手迅速接住，反复练习。

（3）持拍绕环练习。双手持拍在体侧前方位置做同侧前后手臂大绕环练习，或是做异侧大绕环练习，即一只手向前绕环，另一只手做反方向大绕环。

#### （二）下肢灵敏提升策略

下肢灵敏的提升策略如下：

第一，快速提踵练习。在 10~20 秒内用最快速度完成。

第二，两脚交替高频率踏跳。在 10~20 秒内用最快速度完成。

第三，半蹲，以最快速度向两侧并步移动。也可以在短距离内变换方向。

第四，高频率前、后分腿跳和左、右分腿跳。

#### （三）髋部灵敏提升策略

髋部灵敏的提升策略如下：

第一，原地转髋练习。髋部向左、右连续转动，向右转时右腿向外旋、左腿向内旋,两脚尖方向一致向右,身体向前,上体保持平衡,仅下肢转动。髋部向左转时左腿向外旋、右腿向内旋,两脚尖方向一致向左。

第二,高抬腿交叉转髋练习。做高抬腿姿势,当腿抬至体前最高点后迅速向左或向右转体,持续完成高抬腿交叉转髋练习。

第三,快速转体练习。以左脚为轴,右脚向前、向后做蹬步转体练习。

第四,小密步垫步前后蹬转练习。右脚向前移动半步,左脚紧跟其后迅速垫一小步靠向右脚,此时以左脚为轴心,右脚向后蹬地转体,左脚退回小半步,右脚再向前移动半步(重复第二次),反复进行。

第五,收腹跳练习。双脚全力向上纵跳,同时双腿向胸前屈收,完成屈腿收腹动作,连续跳跃一定次数,反复进行。

## 六、羽毛球柔韧素质的提升

柔韧素质是指人体各关节活动的幅度,肌肉和韧带的伸展性和弹性。柔韧性和协调性的好坏直接影响动作力量的大小、速度的快慢和动作的准确性,因此在羽毛球体能训练中要重视柔韧素质的提升。

### (一)上肢韧带伸展性提升策略

上肢韧带伸展性提升策略主要包括以下两个方面:

第一,手腕柔韧练习。手腕以屈伸、外展、内收等动作,做顺时针、逆时针转动绕环练习。

第二,绕肩练习。两手举到头顶,以直臂或屈臂姿势向前绕臂,再向后绕臂,如此快速向前、向后做绕肩练习。

### (二)下肢韧带伸展性提升策略

下肢韧带伸展性提升策略主要包括以下四个方面:

第一,腹背屈仰练习。手扶一个固定物,自然站立,两脚开立与肩同宽。右手持拍者手臂上举,先向后仰用手触摸右跟腱部位,再以击球姿势收腹,同时再向前屈体用手触摸右足尖部位。也可改为两人背向站立,相距1米左右,持实心球做上体前屈、后仰的传接实心球练习。

第二,踢腿练习。快速正向、侧向和后向的踢腿练习。

第三,弓箭步跨步练习。以弓箭步步法进行跨步练习,50米为一组。

第四,拉跟腱练习。脚掌立靠墙壁,身体重心靠向墙壁方向,坚持30秒,重复练习。

### （三）腰部柔韧伸展性提升策略

腰部柔韧伸展性提升策略主要包括以下两个方面：

第一，绕环练习。两脚开立与肩同宽，向左前、右前、左后、右后、左侧、右侧做伸仰练习。

第二，转腰练习。两人背向站立，相距1米左右，持实心球做左右转体传接球练习。也可以运用近身被动击球动作做快速转腰练习。

# 第四章 现代羽毛球战术教学训练与意识培养

## 第一节 羽毛球运动的基本战术

羽毛球战术是指运动员在比赛中为表现出高超的竞技水平和战胜对手而采取的计谋和行动。在羽毛球比赛中，双方都想控制对手，力争主动，以己之长、克彼之短，抑彼之长、避己之短，控制与反控制的竞争是十分激烈的。能够根据不同对手的特点，采取相应变化的技术手段战而胜之，这便是战术的意义。

### 一、羽毛球战术的技术风格和指导思想
（一）羽毛球战术的技术风格

指全面贯彻快、狠、准、活的技术风格和以我为主、以快为主、以攻为主的打法。

快：判断快，反应快，起动快，回动快，步法移动快，抢位快，击球点高，完成击球动作快，突击动作快，守中反攻快。

狠：进攻凌厉，球路变化多，落点刁，抓住有利战机突击，连续进攻或一拍解决战斗。

准：在快速多变中战机抓得准，落点准，掌握技术准确并运用自如。

活：握拍活，站位活，步法活，进攻点多，战术变化活。

（二）羽毛球战术的指导思想

"以我为主""以快为主""以攻为主"是羽毛球战术的指导思想。

1. "以我为主"

"以我为主"是羽毛球战术中一个非常重要的理念。它的核心是要求运动员在选择战术时，从自身素质、能力、技术和擅长的打法出发，制定适合自己的比赛策略。这样做的好处是，能够最大化发挥自身的优势，避免被对手的优势所压制，增强自信心，提高比赛胜率。运动员应该认识自己的实力和潜力，并根据自身的

101

条件来选择比赛策略，而不是盲目地模仿其他人的战术，也不应局限于一种打法，而是针对不同对手，采用灵活多变的策略，达到最好的比赛效果。此外，对手的情况和动向也需要考虑到，运动员应该根据对手的特点和反应时间，采取相应的战术，为自己赢得更多的机会和优势。

2. "以快为主"

"以快为主"是另一种非常重要的战术理念。它的核心思想是，在比赛中运动员应该根据时机和形势及时地调整自己的战术状态，并迅速实现战术转换，具体表现在战术转换上，包括从攻转守和从守转攻。

当运动员在进攻时，突然发现对手有反击势头，或者自己的进攻被对手化解了，这时就需要迅速地将战术转换到防守状态，并采取相应的防守策略。在转换时，必须时刻警惕，准确分析对手的情况和自己的优势，及时进行调整和做出合理的安排，并迅速实施。

同样，在防守状态下，如果找到机会，就需要迅速地将战术转换到攻击状态，并采取更有利的进攻策略。这也需要在转换时，迅速做出决策并且准备好执行，从而获得更多的机会和优势。

"以快为主"的羽毛球战术，体现了在比赛中迅速适应和调整的能力，能够在短时间内转换战术，充分利用时机和形势，达到最终胜利。

3. "以攻为主"

羽毛球战术中，"以攻为主"是一种积极主动的比赛策略。在比赛中，运动员应该保持积极进攻的精神，把握进攻机会，尽可能多地施展攻击技巧。在进攻的同时，也要时刻关注对手的动向，保持高度的警惕和灵敏的反应能力。同时，在防守方面也不能有丝毫松懈，始终保持紧张的状态，及时做出反应，有效地防守对手的进攻。

"以攻为主"要求运动员在比赛中不惧困难，敢于挑战对手，并且在进攻时不断创新，寻找对手的弱点，将自己的实力发挥到极致。而在防守方面，也需要运动员有出色的技术和策略，灵活应对对手的进攻，尽可能减少失误和失分。

"以攻为主"是一种积极进取的战术思路，不仅能够提高运动员的比赛水平，还能够增强运动员的比赛信心，为他们带来更多的胜利。因此，在实际比赛中，运动员要时刻谨记"以攻为主"的主导思想，全力以赴，迎接挑战，争取最终的胜利。

## 二、羽毛球战术的运用

### （一）羽毛球战术的运用要求

在羽毛球比赛中，要想运用战术来击溃对手，就要做到以下五点：

第一，比赛双方都会站在场区的中心位置，以便更好地应对各个角落的来球，那么想要对方出现击球困难，就需要运用战术使对方偏离中心位置，那么对方场区中出现的空当就是你最有利的进攻目标，这一要求可总结为调动对方的位置。

第二，赛场上主动权掌握在谁的手里，输赢就掌握在谁的手里，所以运动员要做的就是尽快争取主动权。靠什么去争取主动权，怎么争取主动权，就需要运动员提高自身的技术，用发球、平高球、网前搓球等占据赛场优势，同时在击球过程中，应尽可能地加大进攻威力，让对方防不胜防，这一要求可总结为争取主动，控制对方。

第三，运动员稳定的重心是决定回球质量的关键，那么运动员就可以利用假动作或重复动作来扰乱对方，以使其身体重心失去控制，进而占据优势。

第四，知己知彼，百战不殆，在赛场上也要善于发现对方的弱点，以己之长，攻其之短，通过战术做到扬长避短，以控制比赛局面。

第五，比赛时最耗费的是运动员的体力，就单打比赛来说，最有可能出现拉锯战，一局的时间可能要持续半个小时以上，来回击球几十次之余，因此怎样节省自己的体力，耗费对方的体力也是比赛中的一个难点。在击球时应尽可能地把球击到对方场区的各个角落，让对手在接球时移动较大的距离，来回跑动，消耗体力。但是在这一过程中要学会节省自己的体力，放松动作，减少移动，当对手体力不支时开始飞速进攻，让其措手不及。

### （二）羽毛球战术的运用原则

第一，以技术为基础。技术和战术在羽毛球比赛中是不可分割的两部分，两者相互渗透、相互融合，技术是战术的基础，而战术的发展又进一步推动技术的进步，全面的技术才能造就多样化的战术。

第二，战术目的明确。运动员在制订战术时，应从自身特点出发，选择适合自己的、能发挥自身独特优势的战术，同时掌握对方的战术缺陷，进而在比赛时占据主动。

第三，保持敏锐的战术意识。在赛场上，战机稍纵即逝，那么如何准确地估计形势、有效地把握战机是赢得比赛的关键，这就需要运动员具备敏锐的战术意识，即在比赛时，运动员要有效地利用技术和实战经验来判断双方在来回击球过程中的一般规律，并在最短时间内调整自身的战术，以占据主导局面。战术意识的培养需要理论与实践的结合，在理论上，运动员应熟练掌握各种技术和战术，同时辅以实践训练，在实际训练中积累经验、摸索方法，不断总结提高，有目的地培养自身的观察能力和临场反应能力，最终成为进攻凶狠、防守及时、手段恰当的高水平运动员。

第四，战术应灵活多变。在战术训练中，每名运动员都需要扎扎实实地训练每个单个战术，在单个战术熟练的基础上才能将其有效地结合。此外，战术应灵活多变，根据自身情况、不同情势变换不同的应对策略，做到娴熟高效。

总的来说，在赛场上，不论采用何种战术，都要根据实际战局进行随机应变，力求做到灵活多变，同时要善于分析对手的心理状态，及时调整应对措施，由守变攻、由攻变守、真真假假、虚虚实实，因为这不仅是一场技术战，同时也是一场心理战。

## 三、羽毛球战术的相关关系

纵观羽毛球运动多年的历史可以看出，羽毛球战术与羽毛球技术、身体素质、心理素质、智能、适应能力等息息相关，每一个因素的变化都左右着羽毛球战术的变化。但总的来说，当前世界羽毛球运动正朝着"快速、全面、进攻、多拍"的方向发展。

### （一）羽毛球战术与意识的关系

比赛中战术的运用要因时、因地、因人而异，知己知彼，有的放矢地实施自己的战术。在羽毛球运动的竞赛实战中，要根据临场比赛情况的变化采取相应的决策，这就需要运动员具备较强的战术意识。战术意识是运动员比赛时随机应变的能力，运动员要根据瞬息万变的局面来调整战术，采取有效的措施。虽然在比赛前都会了解对方的信息及击球特点，并因此产生预定的决策方案，但是比赛是一场随机战，随时都会出现新的情况，那么就需要运动员在执行预定方案的基础上，根据赛况进行临场反应，运动员具备的这种能力其实就是战术意识。

战术意识对羽毛球运动员的成绩具有关键性的作用。羽毛球运动是对抗性项目，双方运动员都会扬长避短，用自己的长处去击溃对方的弱点，在发挥与反发挥、制约与反制约的拉锯赛中，运动员的战术意识就显得尤为重要。特别是遇到势均力敌的对手，无效的时间和体力的耗费无疑是双方运动员最大的损失，那么就需要依靠战术意识来压制对方，提高自身的战术意识，并能结合实际锻炼合理运用自己的战术意识，以减少体力消耗，以最快时间结束战斗，赢得比赛。

1. 技术组合意识

每种羽毛球技术都有其特定的作用和性质，在平时训练时，应充分并熟练掌握各种技术的特点，如平高球与高远球相比，其更适合于进攻，而高远球更多是在防守时使用，劈吊、劈杀技术更适合在对方退离中心位置时使用。所以，应了解每种技术的作用并在比赛时灵活组合，达到发球时目的明确、进攻时强而有力，每一次击球都能使对方防不胜防，在恰当的时机运用恰当的技术，占据比赛的主动权。

2. 灵活多变意识

具有较强战术意识的运动员，能根据实际情况灵活运用战术，以不变应万变。如在双打比赛中，一方先按原定方案执行边对边、中对中的战术，初期赢了几个回合后，对方很快摸透了此战术，便改变了自己的应对策略，结果在接下来的几个回合中，我方此战略受到阻碍，那么这时我方就应该知道这个战术被对方发现了，接下来要做的就是迅速改变战术，这就是战术应灵活多变。多变的战术不仅能在短时间内压制对方，同时还能在对方还没有摸清楚之前消耗对方的体力，在赛场中占据主导优势，因此运动员应着重培养自身灵活多变的意识，提高自身临场应变的能力，根据实际情况迅速做出调整。

3. 分析判断意识

在赛场上，要想游刃有余地回击对方来球，就需要提前做好判断，判断此球击来的位置以及对方发此球的目的，在准确无误的判断下才能正确发挥战术。

当然，羽毛球比赛不仅需要运动员具有判断能力，同时也要有预见能力，这是两种既有联系又有区别的能力，判断的对象是已经发生的事情，而预见的对象是可能发生的事情。就比赛过程来说，在我方第一次运用某一战术取得成功后，要想再一次应用时，就必须要预见对方已经有所准备，那么在对方改变策略应对时，我方也要准确判断进而采用相应的战术以回击对方。判断和预见都是事先进行的，先要预见将会发生的事情，然后做好应对准备，判断对方的真实目的以作出相应的选择。当然，判断还得有敏捷性，没有敏捷的判断，也是无用的判断，因为羽毛球运动要以快为前提才有意义。

羽毛球比赛主要有单打、双打、混合双打三种形式，但是不论哪种形式的比赛，都需要运动员具备较强的战术意识，在整个比赛过程中能明确目的、预见行动、判断行为，综合运用战术意识的三大要素来取得比赛的胜利。

4. 积极进攻意识

在比赛中，一定要以进攻为主导思想，万万不可一直处于防守状态，作为进攻方就能掌握比赛的主动权，同时进攻时必须具有强大的攻击性，要有一次性压倒对方的势头，这样也能一步步突破对手的心理防线。另外，在比赛过程中，不要给对手留有休息调整的机会，要步步紧逼，每个球都要出其不意，让对手防不胜防。

5. 积极防守意识

对于羽毛球这种竞赛运动，每一场有进攻也有防守，在进攻时，保持积极进攻的意识，同时在防守时，也要维持积极的防守意识。什么是积极的防守意识，也就是当运动员处于防守状态时，要想方设法地在下一拍转守为攻，这不仅仅是一种积极取胜的思想，同时也是一种带有极强反攻意识和目的性的防守，通俗来说，就是借助对方的漏洞来回击球，使对方来不及救球而失误。所有一切打对方漏洞的防守技术均是积极的防守战术。

6. 真假动作意识

为了赢得比赛的胜利，也可通过出手的动作来虚晃对方，如运动员在出手时，先摆出一个网前搓球的假动作，然后等对手做好应对措施后迅速转换成推球或勾对角球，以打其个措手不及。但是真假动作还需要配合较强的战术意识，以更好、更快地识破对方的诡诈手法，以免被对方吊打。所以说，真假动作可以迷惑对方，同时也要防止对方用真假动作来迷惑你，这就需要运动员具有较强的预见能力和判断能力，在对手运用真假动作时，提前识破对方的诡计，以采用适宜的战术来回击。因此，有了前面的两条再加上出手动作的隐蔽性或者说出手动作的一致性，就已具备了高水平的真假动作意识了。

7. 配合默契意识

配合默契主要表现在羽毛球双打比赛中，队员之间默契相投，战术协同一致，才能在比赛中一举击溃对方。默契的配合意识对于双打比赛是尤为重要的，既减轻了内耗，也能充分发挥两人的共同优势，同时队员之间的默契度也能体现战术意识的强弱。比如在羽毛球混合双打比赛中，我方处于进攻状态，那么当男队员在打出进攻女队员的一球时，我方女队员应迅速变换位置到对方女队员的正对位置上，以回击对方防守回来的直线网前球。

## （二）羽毛球战术与身体素质的关系

运动成绩与身体素质有着不可分割的联系，越来越多的比赛实例已经说明了这一点。当前许多运动项目技术水平的日益提高在很大程度上反映了人类健康水平及身体素质水平的提高。

身体素质是完成运动动作时人体所表现出的各种能力。通常这些能力表现在力量素质、速度素质、耐力素质、灵敏素质和柔韧素质等方面。因此，力量的大小、速度的快慢、耐力的好坏及灵敏、柔韧素质的好与差，对于运动成绩、技术的掌握、战术的运用等方面都具有至关重要的作用。尤其在战术组合的应用上，更集中体现在身体素质的好坏上，身体素质好，技术发挥就有保障，战术就能体现。

身体素质好，不仅技术、战术易于提高、运用得快，达到的水平高，而且到达高水平之后维持高水平的时间也长；相反，身体素质差，特别是专项素质差，不仅不易达到高水平，即使达到高水平也很难坚持下去，昙花一现指的就是这类运动员。

身体素质的好坏包括两个部分，即专项身体素质、全面身体素质。专项身体素质是指某一专项所要求的特定的素质。全面身体素质是指我们前面所提到的力量、速度、耐力、灵敏、柔韧等五大素质。全面身体素质与专项身体素质既有联系又有区别，全面身体素质是专项身体素质的基础，而专项身体素质是在全面身体素质基础上建立起来的。

## （三）羽毛球战术与心理素质的关系

现在世界许多国家对高水平运动员都采用现代化的手段和方法在心理学家的指导下进行训练，其目的显而易见，就是力求使运动员的训练建立在科学的基础上。每个人的气质类型不同，因此需要应用心理实验与测验对运动员的心理现象及其规律进行研究，保证训练和比赛任务得以顺利完成。

打法类型和神经类型有着密切的关系。运动员具备了某种神经类型，与此相适应的技术得到更大程度发展的可能性就更大。因此，在安排教学与训练中，羽毛球教师及教练员应考虑这个因素，根据学生及运动员的神经类型帮助其确定大体的打法类型，做到利用心理特征来指导教学与训练，并真正做到区别对待、因材施教。

技术、身体素质、心理素质和战术之间是互相联系、互相依存、互相制约的辩证关系。技术、身体素质是战术的物质基础，心理素质是战术的思想保证。比赛中技术、身体素质、心理素质总是在具体的战术配合、战术行动中体现出来，先进的战术可以反过来积极地促进技术、身体素质、心理素质的提高和发展。

## 四、羽毛球比赛中战术的应变

### （一）单打比赛中战术的应变

1. 根据对手步法特点制定应变战术

（1）起动、回动慢的对手。由于对手起动、回动较慢，因此我方应采用"快拉快吊突击进攻"为主的战术，"重复战术"要慎重使用或不使用。

（2）起动、回动快的对手。由于对手起动、回动快，因此我方采用各种"重复战术"比采用"拉开战术"会更有效果。

（3）上网快、后退差的对手。这种对手一般情况下控制网前球的能力都较强，而控制两底线的能力较弱，特别是上网后的后退就更差。因此，我方应多采用先引其上网再推或快拉两底线的战术比较有效。

（4）侧身转体差的对手。我方应多采用"对角球战术"，特别是多采用劈杀对角球路会更有效果。

（5）正手后退步法差的对手。我方应采用"攻正手后场区"为主的进攻战术。

（6）头顶侧身后退较差的对手。我方应采用"攻头顶后场区"为主的进攻战术。

（7）两边上网步法差的对手。我方应采用"重复吊两边"为主的进攻战术。

（8）低重心较差的对手。这种对手一般防守能力都较差，我方应采用以杀、劈、吊为主的战术。总之，多打对方下手，让对方一定要降低重心去接球，以便暴露其弱点。

2. 根据对手手法上的弱点制定应变战术

（1）反拍及头顶手法差的对手。我方应采用"重复攻反手后场区"为主的战术，逼对方采用其弱点打球。

（2）手腕闪动慢、摆臂速率慢的对手。这种对手由于手腕的发力差，摆臂速率慢，击球一般都要有一定的摆臂时间及闪腕发力的时间，如不给他时间他就很难把球打到底线。因此，我方可采用"发球抢攻"为主的战术，特别是发平射球后采用打平推球的战术，逼对方打平快球，就可充分暴露其弱点。

（3）防守近身球手法较差的对手。当我方获得致命一击的机会时，一定要多采用杀追身球为主的战术。

（4）网前手法不凶、不稳，没有威胁的对手。我方应采用以攻"前场区"为主的战术。当对方打网前球时，我方尽量多打"重复搓和勾球"战术，大胆与对方斗网前球；当对方打后场球时，我方要尽量多打吊劈球，以尽快控制对方的网前球。

（5）后场手法不凶，平高、杀、劈没多大威胁的对手。对于这样的对手，我方应采用"攻后场区"为主的进攻战术，尽量多采用平高球或高远球控制对方后场区。在我方被动时，尽量少打网前球，要多打后场过渡球，以利于我方防守，从防守转入反攻。

（6）手法尖锐、威胁性较大但不稳的对手。对于这种对手首先要付出很大的精力去防守对方尖锐的几拍进攻球。在没有把握的情况下，不能随意乱攻，因对方手法尖锐，乱攻必然出现漏洞，造成对方给我方以致命打击，只要能多坚持几拍，就有可能迫使对方主动失误，但若我方也是进攻型打法，且不善于防守的话，就得先下手为强了。

（7）手法不尖锐但较稳、先守后反击的对手。这种对手一般防守能力都较强，我方在进攻时不要太冒险、太勉强。我方在进攻中要先稳后狠、快中求稳，如果我方稳不住，对方不需反攻就能由于我方的频频失误而获胜。因此，对这种对手要有足够的耐心，要有足够的体力及毅力，再加上合适的战术球路，就能战而胜之。

3. 根据对手身材、体态及身体素质的特点制定应变战术

（1）个子矮小、后场攻击能力差的对手。对付这样的对手，可采用"重复拉开后场两边""快速高吊"为主的进攻战术。当然，个子矮小并不等于后场攻击能力差，也有后场攻击能力强的选手。遇到这种选手时，就得多采用"下压"战术来限制对方的后场攻击能力的发挥。

（2）身材高大、转体与步法不灵活但杀上网好的对手。当对方采用杀上网时，我方不但要能守得住，而且要以勾两对角球来阻挠和破坏其优势的进一步发挥，可抓住对方转体与步法不灵的弱点。当我方主动控制时，应采用打侧身转体的球路，杀劈、勾的球路会较有效果。

（3）速度快、突击能力强但耐心差的对手。对付这样的对手，要尽最大努力与对手周旋，多打几个回合，迫使对方暴露其耐力差的弱点。一旦弱点暴露了，对方就失去了优势，我方就可战而胜之。

（4）速度慢、突击能力较差但耐力好的对手。首先不能跟着对方的节奏打，而应采用"快速高吊突击进攻"为主的战术，破坏对方的节奏，特别是变速突击

进攻更为有效。

（5）灵活性和协调性差的对手。我方应采用"假动作击球"为主的战术。由于对方协调性、灵活性较差，一旦受假动作迷惑，就不易及时调整重心，造成不到位或失误。

（6）髋关节柔韧性较差、伸展面小、低重心差的对手。我方应以采用"下压战术"为主的战术，而且要打离身远的球，使其暴露伸展面不大之弱点。

（7）肩关节及腰部较僵硬的对手。我方如采用"攻头顶区"为主的进攻战术，就可以抓住对方的弱点。

4. 根据对手心理上的弱点制定应变战术

（1）易被激怒的对手。我方应有意识地采用一些动作、球路、表情、态度去激怒对方，从中渔利。这是很巧妙的战术，如能应用得得心应手，便可以获得意想不到的效果。

（2）易泄气的对手。这种对手一般毅力较差，只能打领先球，因此我方一定要花最大的代价打好开局球，打好第一局球，只要打好了这一阶段的球，就有可能使其暴露易泄气的弱点。当对方已处于泄气状态，我方就得抓紧有利时机扩大战果，不给对方喘息的机会，一鼓作气打败对手。

（3）注意力转移能力较差的对手。这种对手由于注意力的转移能力差，易受假动作的诱惑，因此我方应采用"声东击西的假动作"为主的战术，易收到较好的效果。

（4）不能尽快调动自己发挥高水平的对手。由于对方不能尽快调动自己进入最佳竞技状态，所以一开局就显得活动不开，发挥不出水平。此时，我方应做好准备活动，一上场就尽快采用"快速突击"的战术，在对方处于低潮的状态下战胜对方。

（5）易紧张、胆怯的对手。碰到这样的对手，首先应在心理上去战胜他，要发扬敢打敢拼的作风，在气势上要压倒对手，哪怕是在技术上低于对手，也要下定决心拼搏到底。因为在拼搏过程中就有可能给对方造成紧张失控、步法移动僵硬，从而失误过多，为我方得分创造机会。

（6）易松懈、骄傲自大的对手。遇到这样的对手时，不要被对方的骄傲气势所压倒，碰到暂时落后也别松劲，反之要增强信心。对方领先时就易松懈，我方应尽力拼搏到底，就有可能在对方松懈时迎头赶上，给对方带来心理压力，从而战胜对手。

（7）爱冒险的对手。爱冒险的选手一般表现在领先至快胜利时或落后要失败时或体力不足时，总之是在关键时刻，经常会做出一些冒险行动，如发难度很大的平射球、杀难度很大的边线球、做一个很大的假动作、搓一个很滚很贴网的球、击一个很平的平高球、劈一个很靠边又贴网的对角球，等等。总之，这种选手爱冒险，以求达到不是你失误就是我得分的目的。当我方发现对方采用冒险行为时，一定要集中注意力判断对方有可能做出的任何冒险行动，在战术上要以稳对狠，不能也跟着贸然行事，因为冒险动作做多了带来的后果必然是失误。因此，当碰到这种情况时，只要冷静对待，一般是可以获得胜利的。

（8）只能领先、不能落后的对手。这种选手只要领先，就会越打越好，越能发挥出超水平的技术，可是一旦落后，就像泄了气的皮球，怎么打也兴奋不起来。碰到这种对手，在一开局就得花很大精力、体力在比分上压倒对方，争取先胜第一局，就有可能使对方无法振作起来。

以上是在心理上根据对手的弱点制定的战术，这是很重要的一种战术，也是一种很微妙的战术，这种战术可以说是"心理战术"，一句话、一个行动、一个动作都有可能给对方增加心理压力，提高自己战胜对手的信心。因此，这一战术虽然没有什么较明确的战术球路，但如果运用得恰当，可达到事半功倍的效果。只要能认真仔细观察，及时发现对方的心理活动、心理弱点，并有一定的心理对策，给对方心理增加压力，使对方心理失去平衡，就会比较容易战胜对手。

**（二）双打比赛中战术的应变**

第一，根据对手是一强一弱的配对制订应变战术。当遇到这种配对时，我方必须坚定不移地采用"攻人战术"，采取集中优势兵力二打一的战术。

第二，根据对手善于推、拨、勾等细动作的配对制订应变战术。对于这样的配对，首先要在发接发上争取主动，行进间战术上要采用平抽快打的打法，在前半场要采用并排对攻，采用快打、硬推、硬压的战术。如还不占优势也不必着急，要把球拉到底线，从防守中寻找机会来平抽两边，再进行对攻。总之，要快、要硬、要狠，如果慢了、软了，会使对方发挥出自己的优点，对我方不利。

第三，根据对手是一左一右握拍的配对制订应变战术。要冷静、沉着地分析这一左一右是如何站位的、接发球时谁在前谁在后、防守时谁在左谁在右，这样就可根据对方的站位来决定我方所采取的战术路线。例如接发球时左手在后，我方就应多打右后场区抓对方反手；反之，右手在后，我方就应多打左后场区。进攻战术以"攻中路战术"最为有效。

第四，根据对手防守站位制订应变战术。对方如果两人均属于善打平抽快挡的选手，他们的站位一般都习惯采用并排对攻的站位法。如果我方感到平抽快挡也是我方的特点，那么也可以采用"平抽快挡，以攻对攻"的战术，进行短兵相接。但是，如我方感到以攻对攻打不过对方，就得采用挑两边底线的战术，尽可能避开对方的特长，这样既可打乱对方的队形，也有利于我方反攻。如果遇到对手均喜欢采用半蹲式防守站法，千万不要杀长球，因杀长球有利于半蹲防守人发挥技术，对我方不利。我方应采用"短杀战术"，其中"短杀左下方"战术是很有效的。

第五，根据对手打法制订应变战术。对付挑两底线较好的防守型配对，思想上要做好艰苦作战的准备，一定要有耐心，应多采用"吊杀、杀吊结合"的战术，不要盲目乱杀，以免消耗过多的体力，而应稳扎稳打，找准时机进行重杀。也可采用"杀大对角轮攻"，只要我方保持体力坚持多打几个回合，胜利的希望就比较大。

第六，根据对手思想、心理的弱点制订应变战术。双打很重视思想上的配合，这是成败的关键之一。因此，当我方发现对方在思想配合上出现问题时，一定要抓住这个环节充分利用。

### （三）混双比赛中战术的应变

第一，根据混双必然是一男一女、一强一弱的这一特点制订应变战术。制订应变战术总的原则是重点攻击弱者，但当强者（男队员）防守站住偏于女队员时，也可攻击男队员的边线落点。当我方处于被动时，尽量把球打到网前，让女队员来处理球，以便我方寻找从守中反攻的机会。

第二，根据对方男队员处理中场球的特点制订应变战术。对方男队员如何处理中场球就形成了该队的特点。例如，有的男队员对中场球的处理是以软打、勾、推中场球为主，我方就要特别注意半场，移动要快，控制出手点要高、要快，抓到机会以快制慢、以刚克柔。如果跟着对方打软球，那必须在速度上比对方快才能压住对方。

第三，根据对手是一左一右握拍的配对制订应变战术。要分清是男队员左手握拍还是女队员左手握拍，接发球时如男队员是左手，则抓他的反手区，因为一般左手握拍者正手抽球都比较凶；如果女队员是左手握拍，要判断她正手区凶还是头顶区凶；在防守时要明确左手握拍者是在左区，还是在右区。总之，这些情况要明确之后，才能决定我方所采取的战术路线。

## 第二节　羽毛球单打战术教学训练

### 一、羽毛球单打战术的内容

（一）发球的位置与方式

1. 发球位置依据对方站位而定

在对方站位较为靠近网前的情况下，后场区域有较大的空当，因此适合发后场球，即向图 4-1[①]中标出的 3 号或 4 号位置区域发球，如此能够取得更好的发球效果。

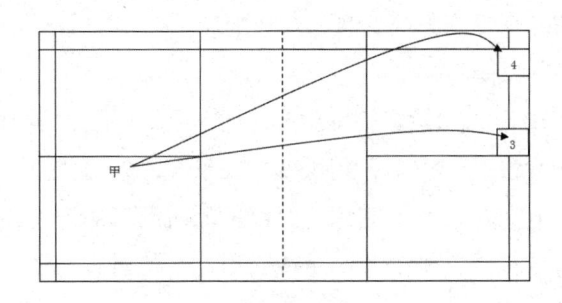

图 4-1　根据对方站位发后场球

在对方站位靠近后场的情况下，网前区域有较大的空当，此时适合发一些网前球，如向图 4-2 中标出的 1 号或 2 号位置区域发球，如此便能够取得更好的发球效果。

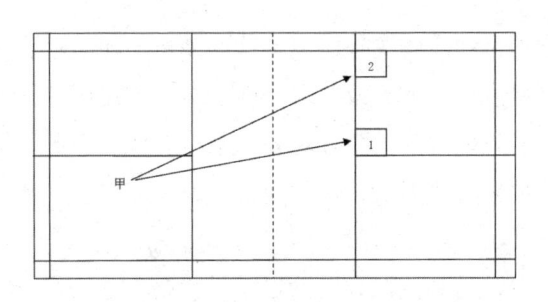

图 4-2　根据对方站位发网前球

---

[①] 本节图片引自：陈治.现代羽毛球技术教学与训练[M].郑州：河南大学出版社，2014：175.

2. 依据对方接发球特点选择发球方式

比赛前要将对方的接发球特点和风格了解清楚，分析对手接发球时有哪些习惯，总结对方接发球的规律，尽量避开对方习惯的接发球方式来选择发球方式，让对方回球时找不到感觉。对于对方比较难接的一些落点的球，要尽量多发，从而争取主动，使对方措手不及。

3. 发球时要避开对方的技术特长

提前了解对方擅长哪些接发球和击球技术，尽量避开对方的特长，发一些对方不擅长接的球，使对方暴露自己的缺陷。

例如，当对方擅长网前球时，我方就要尽可能避免发较多的网前球，以发后场球为主，使对方没机会施展自己的假动作；而在对方擅长后场球或杀球的情况下，我方要尽可能避免发过多的后场球，以发网前球为主；如果对方不擅长接高球，本方就适当多发高球，发对方不好接的落点的球。

4. 利用发球动作来迷惑对方

在对方高度集中注意力做好接发球准备时，我方不要急着赶紧发球，适当短暂停留片刻（规则允许范围内），稍微变化一下发球的时间点，让对方觉得你正在犹豫不决，给其制造迷惑性，利用这个停留的时间对对方的站位和准备姿势进行观察，然后发有较强攻击性的平高球或平射球，使对方在慌乱中回低质量的球或出现失误。

（二）发球抢攻战术

发球抢攻战术指的是以对方的站位、接发球特点、习惯的回球路线等因素为依据，有目的性、有针对性地发多变的球，从而在一开始就占取主动权，守住自己的进攻地位。

对于防守技能不足和经验欠缺的羽毛球运动员，比较适合采用这种战术。对发球抢攻战术的运用强调发球方式的多变性，不要采用固定的一两种发球方式，改变发球方式在比赛关键时刻，双方比分差距小的情况下显得更加重要，发球方式的突然变化会使对方措手不及，被动回击，或回球失误，从而打破比赛相持不下的僵局。

在羽毛球比赛中，为避免对方发动强攻，就要想办法将对方调到底线位置，要做好这一点，就要尽量发使球飞行距离远、时间长的高远球。如果对方不擅长接高远球，那么我方更应该多发一些高远球，不仅能防止对方强攻，还能制造机会使对方回球失误。

在羽毛球比赛中运用发球抢攻战术时，要避开对方高度集中注意力的时间去实施战术，将发球时间适当延迟，当对方注意力集中度没那么高时再发球，从而使对方被动接发球。

### （三）下压进攻控制网前战术

下压进攻控制网前战术是一种先发制人的战术，特点是速战速决，进攻快速、凌厉、凶狠，使对方遭到力量和速度的双重压制。如果对方个子很高，有网前出手慢、步法移动不灵活以及接下手球费劲等不足，而且急于上网抢攻时，适合采用这种战术。具体运用方式是，先以速度和力量不同的吊球、劈球、点杀、轻杀、重杀球将球下压，制造上网机会，用推球、搓球、勾球等方式进行网前控制，使对方将注意力集中到网前，此时本方发平高球向其底线进行突击，为实施中后场进攻创造机会，然后再伺机全力以赴来进攻。

在实施该战术时要注意，要想成功将对方调至底线特别是反手后场区域，就要多采用速度快的高球、平高球、推球等发球方式，这样容易使对方陷入被动。当对方将关注点主要放在后场，前场出现较大空当时，以快吊或突击点杀的方式快速向对方网前发起进攻。对于技术不太熟练，尤其是还不具备良好的左后场还击能力的初学者更适合采用这种战术。

运用下压进攻控制网前战术时要注意采用轻杀和重杀的时机，前者运用于对方来球质量好的情况下，后者用于对方来球质量不高的情况下。不管采用哪种方式，都要保持身体重心稳定。

### （四）守中反攻战术

守中反攻战术是后发制人战术，适用于我方有良好的防守能力，对于对方的进攻能够灵活抵挡，而对方进攻比较盲目、体能比较差的情况下。

采用该战术时，先向对方后场击球或回击球，使对方被迫主动发起进攻，当对方将注意力从防守转到进攻上时，我方进行突击反攻。也可以在对方体能消耗较大，速度明显减慢，没有精力强力进攻时再对其发起进攻。

守中反攻战术的运用中，本方与对方的抗衡时间比较长，本方球路变化较多，有推球、高球、吊球、勾球和搓球等，变化多端的球路会使对方心里感到急躁，容易造成失误。

## 二、羽毛球单打战术训练

### （一）多球战术训练

运动员依次回击两个或两个以上的来球，以提高回球反应能力、回球准确度，这就是多球训练法。

由教练员给练习者发球，可根据训练要求采用不同的路线、速度以及不同的组数、个数。当一名练习者练完一组后，换另一名练习者按同样的方法继续训练。每组练习者以3人左右为宜，以保证合理的训练密度。

多球训练中也会采用多球对练的形式进行训练，即根据训练需要用2~4个球进行练习，出现失误后，不需要专门去捡球，将手中的球再发出去即可，这样就有更多的时间训练，也可增加击球次数。

### （二）多人陪练训练

为了提高训练效果，安排两名或两名以上的多人进行陪练，这就是多人陪练训练法。在羽毛球单打战术训练中多采用二对一的陪练法，具体训练形式如下：

第一，二一式左右站位陪练法。一人进攻时按战术线路要求发起进攻，其余二人各自负责半个场区来进行防守。两人进攻时要依据战术意图及相关要求发起进攻，要有目的性，避免盲目进攻，在还击时要依据单打的节奏及路线来控制速度。

第二，二一式前后站位陪练法。两人一前一后准备进攻，另一人负责防守。位于后场的进攻者主要采用高、吊、杀等进攻技术，位于前场的进攻者主要采用搓、推、勾等进攻技术，这样可增加进攻速度，提高进攻难度，从而提高训练效果。

### （三）实战及比赛训练

实战及比赛训练是为了提高运动员的实战能力，使其在比赛中发挥自如，所以说这一训练方法是为了比赛而服务的。在实战和比赛训练中，要有机结合训练与实战，模拟正式比赛来进行战术训练。此外，在练习过程中，也可以组织队内、队外的热身赛，实现以赛带练的效果，从而提高运动员对实战的适应能力。

## 第三节　羽毛球双打战术教学训练

### 一、羽毛球双打战术的内容

#### （一）双打的移动配合

在羽毛球双打比赛中，任何一方两位搭档的站位和分工都不是完全固定的，而是按照一定的规律和原则灵活移动、灵活配合的。场上队员的站位应依据场上攻守形势的变化而随时调整，一方的移动配合方式和还击方式要根据另一方还击的球路和还击后的站位变化而定，通过移动配合而将本方的特长充分发挥出来，同时使对方在压制下无法发挥自己的特长。

1. 我方吊网前球时的移动配合

甲 1 站在左场区的 A 位置上，甲 2 站在右场区的 B 位置上，保持平行的防守站位队形（如图 4-3 所示[①]）。对方向左前场区 C 处吊球，甲 2 向位置 C 处上网移动，然后以网前直线吊球的方式向对方右场区 D 处的网前位置回击，然后迅速向左场区前场位置 E 处后退，做封网准备。这时甲 1 从 A 处向后场位置 F 处移动，向中线靠近。此时，甲 1 和甲 2 从防守的平行站位变为前后站位，以做好组织进攻的准备。

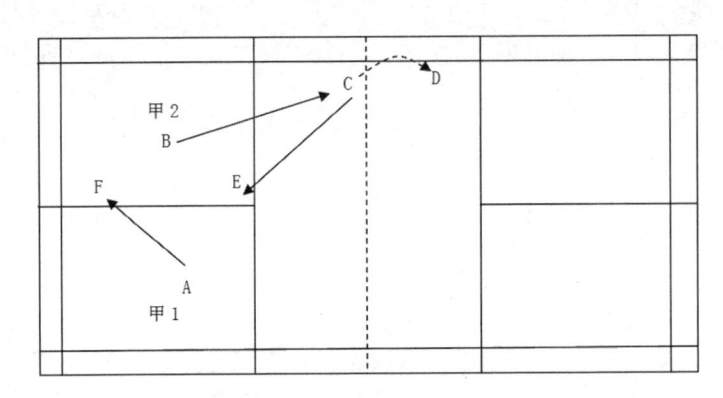

图 4-3　吊网前球时的移动配合

---

[①] 本节图片引自：陈治.现代羽毛球技术教学与训练[M].郑州：河南大学出版社，2014：189-190.

## 2. 我方杀球时的移动配合

甲1在左后场区域的A处位置杀球，甲2在左场区的前场位置做封网的准备，二人成前后进攻站位（如图4-4所示），如果甲1向对方左场区的C处位置杀球，对方向本方网前区域D处回球，甲2很难顺利封网，只能向对方右场区底线E处挑球，挑球后快速向右场区中间F位置后退，此时甲1向左前方移动到G处，与甲2形成平行的防守站位。

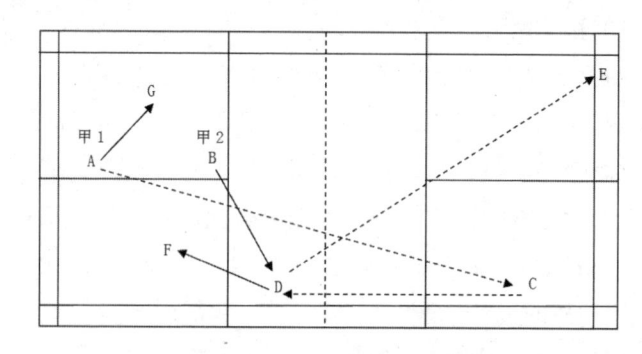

图4-4 杀球时的移动配合

## 3. 我方回击后场球时的移动配合

甲1或甲2以击高球的方式回球后，两人分别站在左场区A处和右场区B处，保持防守的分边平行站位（如图4-5所示），如果对方向本方左后场D处位置还击高球，甲2迅速移动到D的位置来以直线杀球或斜线杀球的方式还击，此时甲1应移动到前场中间位置C处，做好封网准备，并与甲2配合进攻。如果甲2以后场高球的方式回击，那么甲1、甲2的站位保持不变，依然是分边平行站位。

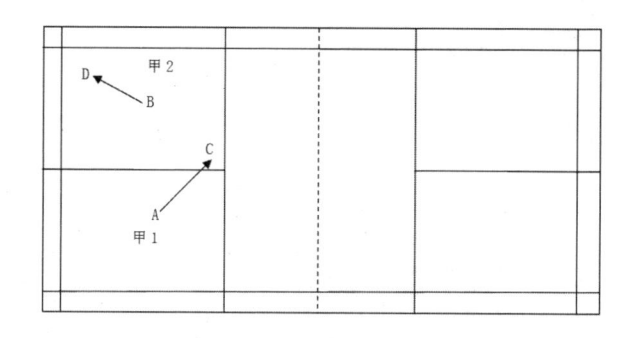

图4-5 回击后场球时的移动配合

## （二）攻人战术

如果对方两名搭档中有一名队员技术较弱，那么这位弱者就是我方要重点盯住的对象，不给对方调整的时间和机会，这就是所谓的攻人战术。这种很常见的羽毛球战术是很容易被对方识破的，一旦被识破，对方较强的队员就会保护较弱的队员，所以应在比赛一开始先集中向弱的那名队员攻几拍，然后突然变化战术，向较强的队员发起猛攻。对方强者为了对弱者进行保护，难免会分散注意力，所以从攻弱者突然转变为向强者的进攻往往能够取得较好的效果。

采用攻人战术时，可以先攻弱者，再攻强者，也可以反过来，先攻强者，后攻弱者，先集中力量攻对方强者，待其体力消耗大，战斗力下降时，突击其空当，或在其无力保护弱者时，再主要进攻较弱者。

总之，攻人战术在实践运用中不是固定不变的，而要根据比赛情况来灵活调整。

### （三）攻中路战术

当对方为防守方，站位为左右分边平行站位时，我方作为进攻方要尽量向对方平行站位的中间空当区域攻球，这样对方两人都有可能移动到中场去接球，容易发生碰撞，或谦让对方而最终导致接球失败。在对方配合默契度不高时适合采用这种战术。

攻中路战术中有一种攻半场的战术形式。当对方以前后站位保持进攻状态时，我方可向两人前后间靠近边线的中场位置回击球，如此也可以使对方出现像上面一样的情况，即抢接碰撞或漏接。

### （四）守中反攻战术

守中反攻战术是一种后发制人的战术，主要用于对方后场进攻能力不强的情况下，或为达到消耗对方体力的目的的情况下。在战术运用中，本方拉后场底线两角使对方不得不快速左右移动而保持持续进攻状态，我方在对方精疲力竭或出现失误时伺机反攻。这个战术对本方的防守能力提出了很高的要求，只有先成功防守，才有机会抓住恰当的时机去反攻。

### （五）后杀前封战术

后杀前封战术是一种进攻战术，在羽毛球双打比赛中很常见。本方作为进攻方积极强攻时，一人在后场杀球进攻，如杀大对角线球、杀中路球、杀小斜线球等，注意对攻球落点的控制与调整；另一人在网前封堵回球，注意不能消极等待，而要以对方的回球情况为依据而积极封堵，提高封堵意识，将对方的出球路线成功封堵，要特别重视对直线球的封堵。

### （六）软硬结合战术

软硬结合战术的运用方法为，通过吊网前球或推球等方式来控制球的飞行轨迹和飞行速度，迫使对方被动防守。如果进攻失败，可采用软吊网前球、拨击半场球等方式来击球，待对方出现挑球失误时再伺机进攻。注意要以对方上网接球后匆忙后退的队员为主要进攻对象。

如果对方的防守站位合理，没有留下明显的空当，而且能回击高质量的球，此时我方应采用以直线小对角线、大对角斜线这两种线路的软杀、点杀技术（以打落点为主）来进攻，迫使对方回球失误，然后我方再伺机强攻。

## 二、羽毛球双打战术训练

在采用双打战术时，两名球员要在发挥各自优势的基础上协同作战，默契配合，为了共同目标而努力。

在羽毛球双打比赛中，最终也是要依靠每个选手发挥个人的实力来争取胜利的，因此双打战术训练的方法可参考单打战术训练。参考与借鉴最多的训练方法主要有多球训练法、多球对练法、多人陪练法、实战训练法与比赛训练法。

需要注意的是，在双打战术训练中借鉴多人陪练法时，与单打战术训练稍有不同，常采用三对二训练攻守，甚至增加至四对二、三对二的进攻，二人训练防守反击，这些训练方法有助于提高选手的防守反击能力。在三二式前后站位陪练中，一方为三人（一前二后），另一方为二人，主要是训练二人这方的双打防守意识、反转攻的意识及能力，提高其双打防守能力和转攻能力。

## 第四节 羽毛球混合双打战术教学训练

### 一、羽毛球混双发球战术

混双发球不仅需要技术支持，还需要有战术意识。发球技术的好坏十分关键，直接会影响运动员在比赛中的优劣势态。就发球而言，混双与男双或女双有相同的地方，但区别也很大。如果是女性队员发球，接球的也是女性队员，那么就比女双容易，因为下面接球的是男队员，可如果是女队员发男队员接时，较女双来看就会稍微困难些。在心理上要做好建设，相对而言，男性队员的接发和封网能力会比女性队员强一些，所以在女性队员发球的时候，难度就要有所加大；相反，若发球的是男性队员，他就不能像男双那样对打，而是要考虑后面的节奏，这时需要在站位的时候往后一些，但这样发球后球过网的时间也会拉长，为对方反击提供时间，这就充分说明了男队员发球较男双相比难度较大，而发球需要较强的技术支持，所以不经训练是难以达到既定的目标的。

混双发球战术可以关注时间、路线、角度、距离等，每一个选择点的不同，可能对发球的质量都会造成一定的影响，特定时候要采用特定方法。

### 二、羽毛球混双接发球战术

混双和双打是不同的，但它们在战术方面也有相同的地方。比如，接发球战术方面，都是要看对方的发球情况，根据发球的质量做出相应的判断回击，对方的站位角度的不同，所选择的接发球战术也会不同。

混双和双打战术上不一样的地方为混双在球路上不管是男队员还是女队员接球，通常以拨对角、直线半场等为主，像推扑这种接球方式，只有在对方的发球特别不好的时候才会用。女性队员一方相对没那么强的时候，通常会使用拨半场球这种战术。

对方女队员若是把球发在后方区域，则另一方回击时就要特别注意对方女队员那边，把攻击点集中在她的防护区，若是男队员发球其队友只对一角进行防守，回击对手二边线球最为有效，因为大多混双站位都是前后的位置，所以对边线在防守上会比较困难。同样的，若对手由左场区域进行发球，理论上一样就把攻击点放到另一侧。

一般男队员发球都不会太猛，发球后，女队员位于前方位，男队员位于后方，主要是由于他们接发球后要能及时控制住底线区。凡事都有特例，也有男队员接发球后不退回后场的，他们会到网前封网，这种情况，一般是对方发球不行而且无法对我方产生攻击的时候使用。

### 三、羽毛球混双第三拍的回击战术

混双的第三拍和双打同样有着重要的地位。混双的第三拍在主动时，保持进攻；一般时，积极反攻；被动时，摆脱被动。在这三种情况下使用的战术，其意义和双打是同样重要的。

## （一）主动时第三拍保持进攻的战术

当运动员自身拥有良好的技术水平时，常常会出现以下两种情况：

第一，女队员在发球质量好的情况下，可封住前半场使对方回球略往上，只要能做到这一点，那就会处于有利方。如果女队员负责左边，那么男队员就要负责右边的防守，同样的，如果女队员负责右边，那男队员就要顾及左边的防守，两人相互做好配合。女队员可以根据对方的技术来判断使用什么打法，如果对方打对角网前，或者对方出球不太好的时候，女队员直接封网也是可以的。如果对方打出直线球，那么这时由女队员封球最合适。

第二，如果换成男队员发球，那么这时的封网任务就由女队员来负责，女队员左右边的发球站位，形成了两个防守区：从左边发球，女队员站在近中线那里，发球在一号区，可以将前区场都封网；若发二号区，则要对右边线进行把控。若是发球换成右场区，这时候女队员是站在左前方，所以男队员发球在一号二号位时，需要女队员把中路和左前封控好，这个时候如果对方向右侧发动攻击，男队员还可以及时补救。不管是站位还是发球都是有技巧的，也会根据自身的特点以及对方队员的特点去分工。

## （二）在一般情况下第三拍进行反攻的战术

对于对方的回球只要能够恰到好处地回击过去，局势就不会处于劣势上，处理好的话，甚至还可以获取主动权。所以，这对发球，回球及球路就有很大的技术要求，要能够根据对方的发球、站位及回击路线作出判断，快速地反应出来使用何种打法，不能将己方置于被动状态，掌握好打球的节奏，不要失了先机。

## （三）被动时如何摆脱被动状态的战术

若陷于被动状态，应及时想出应对之策，像是如果对方接发球后，网前区出现漏洞，这时男队员要是只想着控制后场，那前场区就会存在问题，这时我方就漏洞区进行回击，有可能就会把不利局面稳定住，将主动权掌握在自己手里。回击时一定要把控回球质量，不然很难一举反杀。也会有这种情况，对方接发球后站位都较前方，女队员占据主动，男队员也处于前方逼网的状况，这时候其实都不容易处理，应该将球引到后场，打个过渡，慢慢地再组织反击。这时候的回发球一定要掌控好高度，以免被对方拦击，不然局面就会很被动。

若是处于被动的不利局面时，一定要能够沉着冷静面对，不要自己先乱了阵脚，要快速反应过来问题出在了哪里，还有什么方法可以进行及时的补救。如果一人防守出现问题，这时候会面对更大的挑战，毕竟对方的攻击是持续且凶猛的。

## 四、羽毛球混双第四拍封网战术

第四拍封网的战术分工,主要是指两人如何分工封网的问题。有一种情况,女队员接 1、2 号区球的时候,一般会去防控对方的直线球,这时候男队员负责其他的区域,而如果是接的 3、4 号区球,这时可以封直线前区,其余由男队员负责。这都是在能主动回击的情况下,若是无法主动回击,那就要采用别的方法,女队员防守后场一方,男队员防守前场和后场的另一方。但如果是男队员接发 1、2 区,情况会有所不同,这时是由女方防控直线球,不仅要防控网前还要与队友选好站位,方便控制对方的反击,这时男队员就抓住机会进行调整,与搭档变化站位,防控住对方的平球,这也是跟男双的不同之处,尤其是中场抽推球时,女队员的防控至关重要,其他区域依然由男队员防守。若是处于被动状态,男队员站位发生变化,会造成防控出现漏洞,对方这时回球较高,女队员需要快速后退,挡住一时的攻击。如果接发是在 3、4 区,女队员不仅需要封控对方的对角平球,还要做好前场区的防控,这样才有利于队友发挥主动性,这同样也是要能主动回击才行,如果不能,那就视情况而定,随时变换策略。

## 五、羽毛球混双攻女队员战术

混双在战术上一般是对女队员进行攻击,一方拥有主动权的时候,就会想方设法对女队员发出进攻,这也是混双的核心战术。

### (一)获主动进攻时,运用攻女队员的战术

当对方防守严密的时候,一旦有主动进攻的机会,一定要抓住时机主攻女队员,这时女队员会在强烈的攻击下自乱阵脚,慢慢出现破绽,改变我方局势。此战术的使用也是需要一定条件作为前提的,一般情况下,同男队员相比,女队员的防守相对较弱时才好使用,如果比赛的时候发现男队员的防守相对弱些,也就不需要这个战术了。所有的战术运用,都要结合实际情况。

### (二)两边中场控球时,运用攻女队员的战术

当对方回击的球并不能改变我方的主被动状态,处于可控制的情况下就是所谓的中场控球。在控制阶段,注意尽量把球打到对方女队员的放空区,而不是往对方男队员那里打,这种打法,有利于我方控制局面,处于主动状态。

比如,女运队在 1 号区发球,对方的女队员接到球后就会还击推半场球,这时我方的男队员就要控制住半场,研究对方女队员的方位和她具有的封网特征,

假如女队员对直线球的封堵意识比较薄弱，并且处于或者接近中心位置的话，这个时候我方可以打一个直线半场球，而且羽毛球的落点要对方女队员跑动起来才能还击，鉴于她的判断和封网能力较差，站位又接近中线位置，主动回击很困难，就有很大概率用高球还击，这样的话我方主动出击的概率就能大大提高。如果对方的女队员为了封堵住我方的直线半场，跑动到偏边线的地方，这个时候我方就打对角线网前球，致使对方不得不发高球。又比方说对方想要接发球放网，我方就有两条路线可以还击，但是这个时候要记住我方的策略是攻击对方女队员，所以球必须要打向女队员能处理球的防区，禁止力气过大，把球打到中场的男运动员那里，让他去处理球。随后，我方的女队员就在网前封堵，使对方起高球，这样就可以说我方的战术成功了，如果对方女队员把球封住了，那么我方就只能被动防守了。

打这类球的时候要注意掌握技巧，尤其是对方女队员，在与其进行比赛时，需要特别关注其可能出现的封网动作。打好回击的球路非常重要，需要能够出乎对方队员的意料，并且注重球的高度和弧度等方面，以避免对方顺利地进行扣杀。通过这种方式，我方将能够更好地控制比赛局面，并抓住时机寻求对方出击从而使其打出高球的机会。

**（三）接发球时，运用攻女队员的战术**

接发球的时候可以直接攻女队员，要想尽办法把球回击到前场区域，这时女队员会快速接球回击，这个过程中容易出现突发情况，对我方是有利的。当然，如果我方的攻击质量较高，会产生主动权；攻击质量较低，也会陷入被动状态。

当遇到对方一名对手（男）较强而另一名对手（女）相对实力较差的时候，可以使用这种战术。相反的，如果男队员水平较差，尤其是后场的防控攻击都不太行，女队员封网水平比较突出时，就不需要继续用这种战术了。若男队员的进攻并不能对我方造成威胁，而女队员的封网能力很强，这时就需要到后场区，寻求机会反攻。

## 六、羽毛球混双攻中路战术

比赛的时候场上情况瞬息万变，还会出现这种情况，就是对方男队员对直接和对角球处理得较好，在对中场控制时，能力比较突出，迫使我方防守区变大，而女队员无法对对方回击的平球做出封控。这时，最好的选择就是攻中路，这样对方的优势会难以发挥，因为对方的控制力比较强，打中路的话就会使对方的优势没办法好好发挥,如果对方还是使用老的战术,就有可能会打出界外。另外,球在中路,对方容易回击直线,我方的女队员也容易封网。这种战术的主要作用,一个是让对方的优势发挥不起来,另一个就是让我方的男队员防控范围缩小,尤其是封直线区。

### 七、羽毛球混双杀对角男队员边线的战术

在羽毛球混双比赛的主动进攻状态下,采用"攻女方"战术是最为适宜的,因为在这种情况下,对面男女队员的站位相对更加紧密,尤其在直线进攻的情况下,男女队员会站在同一边,从而形成了对面另一侧的空档,这为我方提供了进攻机会,可以打对角线来攻击男队员的边线。运用这种战术时应注意女队员和进攻对手在同一直线上,但这样的机会并不经常出现,通常只会在对侧逼迫下挑高球后,女队员的站位才会和对手成为对角线。所以,不论使用哪种战术,都需要在特定的条件下灵活应用。

### 八、羽毛球混双杀吊结合战术

当对方女队员负责一个区域,而剩下的三个区域由男队员防守的情况下,可以采用杀吊结合的进攻方式,来干扰对方的防守队形。这种进攻方式将集中火力对准男队员,以期通过连续轰击等手法,诱导对方犯错误,打乱其阵脚。如果女队员的球打向较靠前的位置,她通常会立刻向后撤退,此时采用杀吊的进攻方式就将具备更加突出的优势。

### 九、羽毛球混双半杀结合长杀、重杀结合轻杀的战术

在进行重杀战术时,应注意多角度展开进攻,以避免频繁使用同一角度而被对手适应,失去攻击效果;同样的,长杀也需要注意对手可能采取的防控方法。因此,在进攻时应考虑角度问题,并结合高吊技巧,以变化球的落点和力量等,发挥"突击"作用,提高进攻成功率。

### 十、羽毛球混双进攻中封网分工的方法

如我方获得主动进攻时,由于封网分工不明确,可能导致失去主动权。因此,明确封网分工的目的是使我方主动进攻能达到良好的效果。

第一,右后场区进攻的封网分工。如果我方的男队员掌握主动权,并与对方

的女队员成直线，我方打直线，我方的女队员打平球，因为封住的是前场区域，而左前场区就出现了漏洞。如果对方的女队员后退到对角区，而我方的女队员需要控制左场区打来的平球，这时候右前场区就会出现漏洞。

第二，从左场区进攻的封网分工。如果我方男队员能掌握主动权，尤其是左后场的进攻权，这时我方的男队员跟对方的女队员是站在一条线上的，因为打的是直线，这时女队员就要封控住，尤其是左前场区的平球，更要注意的是，一定要把抽回的对角线平球封住，这样在一定程度上会减少搭档的压力，这时对角网前就会出现漏洞。我方的男队员与对方的女队员站成对角的话，此时打对角，需要女队员将右场区封控好，这个时候对角左前场就会出现漏洞。

## 十一、羽毛球混双防守战术

第一，混合双打之挑两底线平高球。挑两底线平高球战术，这种战术即所谓的对方杀直线，我方挑平高对角；对方杀对角，我方挑平高直线，以达到调动对方左右移动的目的。如对方移动慢，就无法保持进攻，或其盲目进攻也有利于我方反攻。

第二，混合双打之反抽直线勾对角战术。当对方男队员从两底线进攻站在对角线的我方女队员时，我方女队员可采用反抽直线结合勾对角战术，能以最大角度调动对方，并抓住其漏洞，但要注意反抽必须越过对方女队员的封网高度。

第三，混合双打之反抽对角挡直线战术。当对角男队员从两底线进攻站在直线的我方女队员时，我方女队员可采用反抽对角结合挡直线的战术来抓住其漏洞，但同样也要注意反抽必须要越过对方女队员的封网高度。

第四，混合双打之挡直线、勾对角网前战术。当对方男队员从两底线攻我方女队员时，我方可采用挡直线结合勾对角网前的战术，以避开后场强有力的攻击，只要挡和勾的质量有保证，一般还是容易变被动为主动的。当然，当我方把球打到某一个点时，女队员要逼近封住其直线区，迫使对方打出高球。

第五，混合双打中的规律性问题。

从发球路线看，主要是以发1号区球为主，其次是2号区球和4号区球，很少发3号区球。

从接发球的球路看，主要是以接发对角球（小对角）为主，特别是从1号区接发两边中场球较多，而且落点均在两边中场球，其次是后场球，放网前球极少。

从行进间球路的规律看，是以直线球路为主。

根据以上规律应该注意：①注意处理好 1 号区的接发球；②第三拍要注意处理好两边中场球，控制好两边中场球；③在行进间，女队员要特别注意封直线球，兼顾对角球。

第六，混合双打之技术上的注意事项。在手法上要注意掌握变线能力及控制能力，盲目地用力击球往往造成控制不住球，变线能力也不行。在击球点上要注意高点击球，这样有利于平推、平抽和下压球。在击球时间上不要一味快打而缺少快慢结合，要注意利用假动作、时间差来击球。

女队员在封网击球的用力问题上，要注意能向下扑的球才用力扑压，如只能推的球，不要太用力，以免让对方后场的男队员较易控制，轻推半场球往往更有效。女队员的网前站位不要太靠近网前，这样有利于增强封网能力。

封网时，拍子要举得高一些，以便直接向前或向下封压。应减少向后引拍的时间，提高封网的威胁性。在封网的步法上要注意，封到球后不要急于向中场回动，就是所谓封直线、封一点的步法特点。

当双方男队员在进行直接控制的过程中，女队员如没有把握，不要随意去抢球。应注意对方万一变线抽对角，女队员要能封得住，以减少男队员的压力，以利于男队员调整到有利位置。

当我方获得主动进攻的机会，对方女队员已退至较好的对角防守位置时，不要勉强去攻击对方女队员，而应采用过度进攻的办法，使自己获得更有利的进攻位置，再进行第二次进攻。

## 第五节　羽毛球运动战术意识的培养与创新

羽毛球比赛中场上的情况千变万化，运动员在比赛中对战况进行观察和判断，并根据赛场形势而准确采取技战术，与同伴协同配合，灵活应对，这种能力就是战术意识。运动员的战术意识对其实施战术行动具有支配作用，战术意识是运动员的思维活动，对运动员的身体活动有很大的影响。因此，在羽毛球运动员的战术训练中，必须重视对其战术意识的培养。

## 一、羽毛球战术意识的特点

羽毛球战术意识的特点表现在下列方面：

### （一）主动进攻，积极防守

在羽毛球比赛中，如果运动员一味被动防守，则几乎没有可能赢得比赛，运动员一定要有很强的进攻意识，要善于伺机主动进攻。运动员进攻欲望强烈，能根据对方情况而采取进攻技战术行动，抓住有利时机而果断出击，不把时间浪费在犹豫不决上，这是运动员主动进攻意识强的表现。运动员强烈的主动进攻意识与其求胜欲、表现欲和进取心是密不可分的，有进取心的运动员往往对自己有很高的要求，有长远的追求，有坚持不懈的意志品质和突破创新的精神品质。

羽毛球运动中的进攻与防守是密不可分的，当一方猛烈进攻时，另一方必须积极防守，不能消极怠战，进攻与防守是快速转换的，运动员必须尽快适应角色转换。防守并不都是消极被动的，也有积极主动的，这两种防守方式存在根本上的不同。积极的防守是在防守的同时寻找进攻机会，伺机转守为攻，掌握主动权，而消极防守则主要就是被动应对，没有抵抗，没有反攻意识。

### （二）进攻、防守均有目的性

羽毛球运动员在比赛中实施的任何一个动作都是有目的的行动，甚至每个技术的细节上也有明确目的，如击球的力量、方向、落点等，这些都是为了达到预期的战术"目的"，如使对手移动到其他位置，使对手消耗更多的体力，使对手身体无法保持平衡等，运动员的战术思维参与了其制定战术目的和实现目的的整个过程。运动员有良好的战术思维，便能有目的性地选择技战术行动，明确自己的行动是为达到什么目的而实施的。

### （三）准确预判对手的行动

在一场羽毛球比赛中，运动员使用的技术和战术非常多，运动员要有良好的预见性，从而在对抗激烈、节奏快速的羽毛球比赛中能够有针对性地选取技战术，提升成功进攻与防守的概率。例如，在对手发球或接发球前，要对其发球或接发球的速度、方向、落点等进行预判，然后快速思考，在此基础上采取相应的策略来积极应对。运动员往往都是在预判的基础上做出决策和采取行动的。

### （四）动作施展的隐蔽性

羽毛球运动员在比赛中要隐蔽性地施展技战术，将真假动作、虚实动作结合起来，迷惑对方，增加其判断的难度。运动员采取任何技战术行动都要以对方的打法特点、比赛需要为依据,要快速反应、灵活应对,要在出手动作上多思考,动作变化多一些,真假动作掺杂,制造假象,隐蔽真实意图,这样对手就不容易准确判断你将要发什么球了。例如,当本方获得网前进攻的机会后把搓球动作做得明显一些,让对手以为本方真的要发搓球,当其做出应对的准备动作时,本方立即发推球,使对手措手不及,防守失败。

### (五)灵活运用战术组合

羽毛球战术丰富多样,面对不同的来球要选择不同的战术行动来灵活应付,而不能一直使用一种单一的固定不变的战术,也不能不顾实际而盲目变化战术,战术运用必须灵活,要有规律,符合实际情况,能满足比赛需要。运动员对战术灵活运用,前提是要能够准确判断与分析什么样的战术可以使自己达到目的,顺利得分。运动员运用战术怎么才算是灵活,要看其能否在不同条件下面对同一对手的不同状态或面对不同对手而果断采取最佳战术。

### (六)与队友默契配合

在羽毛球双打比赛中,任何一方两名搭档的默契配合能力都会对其最终比赛结果起到决定性影响。配合默契的搭档往往能够从对方的眼神、动作、手势或暗语中获取重要信息,及时采取行动来配合搭档,以达到共同的目的。羽毛球双打搭档应彼此信任,彼此认可,能够优势互补,达到"1+1>2"的效果,增强己方进攻和防守的能力。

## 二、羽毛球战术意识的培养

### (一)在战术理论讲授中培养战术意识

对羽毛球运动员的战术意识进行培养,首先要使运动员知道羽毛球战术指的是什么,这需要在羽毛球战术理论教学中进行讲解和传说。教练员采用语言教学法进行战术理论教育,对羽毛球战术的基本知识进行准确讲解,传递重要信息,从而使运动员理解羽毛球战术的含义,建立正确的羽毛球战术概念。

在战术理论教育中,教练员不仅要讲解重要知识,传递重要信息,还要启发和引导运动员积极思考,培养其智力,为运动员形成强烈的战术意识奠定良好的基础。

### (二)在战术训练中培养战术意识

培养羽毛球运动员的战术能力,需要进行科学而系统的羽毛球战术训练。在羽毛球战术训练中,教练员一直以来只强调动作训练的重要性,对战术意识的培养与训练则很少关注，缺乏强烈的战术意识是羽毛球运动员在比赛中对战术的运用不灵活、不充分且频频失误的主要原因之一。

事实上，在羽毛球战术训练中，运动员完成的所有动作都是以意识和思维的参与为前提的，因此在战术训练过程中，要多启发运动员思考，鼓励运动员提问，如不同的发球抢攻战术有哪些差异；不同的发球抢攻战术分别适用于什么情况；为达到最佳战术效果，应如何灵活选用战术方法；等等。运动员思考这些问题，咨询教练员，积极寻求答案，对提高战术意识具有重要意义。

在羽毛球运动战术动作训练过程中，运动员要通过反复不断的训练而对战术的动作要领加以充分掌握，促进动作表象的形成，运动员常采用分解练习与完整练习相结合的方法来训练，从而循序渐进地熟练掌握技术动作的全过程。在循序渐进的训练中，战术意识始终发挥重要作用，运动员能够从中体会到战术意识对战术行动的支配作用及其对提高训练效果的重要意义。

（三）在模拟比赛中培养战术意识

羽毛球运动员在比赛中的神经兴奋度比在日常训练中要高，心理活动也比日常训练更频繁，更容易爆发潜能，所以在模拟比赛中对运动员的战术意识进行培养能够取得良好的效果。教练员在组织模拟比赛前，要先进行基础指导，发现运动员有哪些技术环节比较薄弱，指出问题，帮助纠正，促进运动员技术的改进与提高，强化其对正确技术的记忆。如果赛前指导对象是双打运动员，则要重点让搭档之间相互进行战术交流，从而保证比赛中战术行动的一致性和战术目的的统一性。在模拟比赛过程中，教练员利用中场休息时间帮助运动员分析问题，制定战胜对手的策略。在模拟比赛结束后，教练员对运动员的赛中战术表现进行总结，找出由意识主导产生的经验，并使运动员自我反省，促进其战术意识的巩固与提升。

## 三、羽毛球战术意识培养的创新探索

羽毛球战术意识的培养是非常重要的，它可以对提高运动员的技术和竞技水平起到重要的作用。以下是一些创新的方法，可以有效地培养羽毛球运动员的战术意识。

（一）利用虚拟现实技术

随着科技的快速发展，虚拟现实技术逐渐成了当今社会新兴的热门技术之一。除了在游戏、视频等领域得到广泛应用之外，虚拟现实技术还可以应用于体育运动领域。比如，通过虚拟现实技术，可以创造一个虚拟的比赛场景，让运动员在虚拟场景中体验真实比赛的感觉，达到增加战术意识的目的。

传统的训练方法往往受到各种限制，比如场地、设备、环境等等，而利用虚拟现实技术，则可以在任何时间、任何地点进行训练，节约训练成本的同时增加了训练的灵活性和自由度。在虚拟的比赛场景中，运动员可以实时感受比赛的紧张气氛和身体反应，学习各种战术的运用，提高比赛的胜率。

同时，在虚拟场景中，还可以利用模拟技术进行复杂战术的分析和研究，为运动员提供更为全面的训练和学习。虚拟现实技术还可以模拟一些特殊场景，比如在极端天气和复杂地形下的比赛，这些场景往往很难在现实中进行，但是在虚拟场景中却可以进行实时模拟，提供更加真实的训练效果。

可以预见的是，虚拟现实技术将会在体育运动领域大有作为，为训练和比赛提供更为全面、灵活、真实的体验和帮助。

（二）优化视频分析

羽毛球作为一项竞技性很强的运动，运动员的战术意识对比赛成败有着至关重要的影响。为了培养运动员的战术意识，一种有效的方法是将比赛录像进行分析，提取出一些典型的比赛情况，并对运动员的表现进行点评。通过这种方法，运动员能够真实地了解比赛中的各种情况和战术的应用情况。例如，在比赛录像中可以提取出一些典型的得分情况、失分情况、对手的进攻和防守策略等等，帮助运动员分析比赛情况，提高其战术应用能力。

同时，通过对运动员的表现进行点评，能够帮助运动员发现自己在比赛中的不足之处，提高其综合技术和意识素养。例如，在得分情况中，能够让运动员认识到自己的攻防变化不够顺畅、瞬间快速移动的能力不足等等，从而进一步提高自己的羽毛球水平。

此外，对于运动员的分析评估还可以帮助教练更加精准地制订培养计划，针对不同的运动员进行有针对性的指导。通过运动员的表现，教练可以分析出其在赛场上的心理承受能力、应对能力、综合技术能力等等，从而调整训练方案，在培养中更好地发挥运动员的个性和潜力。

总的来说，采用比赛录像分析并对运动员进行点评，能够有效地提高运动员的战术应用能力，更好地发挥其潜力和个性，让运动员在比赛中更加从容。在日后的训练和比赛中，运动员也能够更加自信地应对各种各样的局面和挑战。

### （三）采用模拟对抗

要想培养运动员的羽毛球战术意识，除了比赛录像分析外，在训练中采用模拟对抗的形式也是非常有效的方法。在实际对抗中，运动员能够更加深刻地理解和掌握各种战术，加强其对战术的理解和应用能力。

在模拟对抗的训练中，可以采用一对一和团体对抗两种形式。在一对一的对抗中，可以让运动员学习和掌握单个战术的应用，例如发球、接发球、进攻、防守等等。而在团体对抗中，则更加注重运动员的协作与配合能力，让运动员在实战中学会选择不同的战术组合，从而取得最终的胜利。

与其他训练方法相比，采用模拟对抗的形式具有以下优势：

第一，模拟对抗可以提高运动员的实战能力。与其他的较为单一的训练方法相比，模拟对抗能够让运动员在实际对抗中，更深刻地认识不同战术的使用方法，更快速地反应出现场的变化。

第二，模拟对抗可以善于培养运动员的主观能动性。在实战对抗中，运动员需要根据实际情况做出决策，这样能够激发运动员自身的战斗意志，提高他们的自信力和决策力。

第三，模拟对抗可以促进团队协作精神的发挥。在团队对抗中，需要运动员之间相互配合，从而达到最终的目的，这样可以帮助运动员更好地发挥自身特长，完善自身的技术，同时也强化了团队协作精神。

总而言之，采用模拟对抗的形式来培养运动员的羽毛球战术意识是非常有效的方法。通过在实际对抗中学习和应用战术，可以更加深刻地理解和掌握各种战术，提高运动员的战术应用和实战能力，进一步提高训练的效果。

### （四）多元化的比赛方式

羽毛球战术意识的培养是提高运动员战术水平的重要途径。在训练中，可以采用多种不同的比赛方式，如小组对抗、轮流挑战等，让运动员在不同的比赛情况下应用各种战术。

#### 1. 小组对抗

小组对抗是羽毛球训练中常用的一种比赛方式。在小组对抗中，一般将参赛的人员随机分组，形成两个或多个小组，然后各小组展开实战对抗。这种比赛方式不仅有助于提高运动员的个人技术水平，还能培养他们的团队合作精神和战术意识。

在小组对抗中，运动员需要积极参与配合，互相传递球权，把握攻守时机，稳扎稳打。这样，他们可以更好地理解和运用团队战术、个人战术，更快地适应比赛环境。

此外，在小组对抗中，运动员还可以学习如何利用对手的破绽进行攻防转换。当其中一方犯错误或攻势不够顺畅时，聪明的运动员会迅速抓住机会，抢占球权，从而改变局面，这有助于增强运动员的战术应变能力和决策能力。

小组对抗作为羽毛球训练的一种常见方式，其培养了运动员的团队合作精神、个人技术和战术水平，是提高运动员整体比赛能力的有效手段。

2. 轮流挑战

轮流挑战是一种有趣而又富有挑战性的羽毛球比赛方式。在这种比赛中，运动员会轮流挑战其他选手，每场比赛的对手可能有所不同，每个对手的实力、风格、战术也可能截然不同。因此，运动员需要随机应变，在不断地改变比赛策略的同时，保持自己的稳定和自信，从而获得比赛的胜利。

在轮流挑战中，运动员需要了解和分析对手的实力、技术和战术特点，针对对手的不同表现，制定不同的战术来应对。例如，对手可能善于下压球，这时运动员可以通过深压和反击转攻为守，或者尝试提前进攻，从而打破对手的节奏。如果对手出现失误，也需要及时找到机会迅速反击，增强比赛的主动性。

通过轮流挑战这种比赛方式的训练，运动员可以逐渐增强对不同战术的灵活应用能力，更好地适应各种比赛环境，并提高自己的比赛水平。此外，轮流挑战还可以激发运动员的斗志和竞争意识，加深他们对羽毛球比赛的热爱和投入度。

总之，采用多种不同的比赛方式进行训练，是提高运动员羽毛球战术意识和应用能力的有效手段，可以让运动员更快速地适应各种比赛环境，更好地处理紧张情况，提高比赛获胜率。

以上创新的方法可以有效地激发运动员的战术意识，并帮助他们更好地应对不同的比赛情况，提高竞技水平和战斗力。

# 第五章　现代羽毛球运动训练的管理与保障

## 第一节　羽毛球运动训练计划的制订与调控

### 一、羽毛球大周期训练计划的制订与调控

竞技羽毛球年度大周期训练由几个阶段的中周期训练组成，羽毛球教练员在训练中常常采用大周期训练计划。羽毛球训练具有年度性规律，这主要与季节、比赛安全等因素有关，鉴于此，年度大周期训练成为羽毛球训练计划安排的基本单位。年度训练计划的安排要以多年训练计划为依据，因为多年训练计划中规定了每一年训练的基本方向，做出了总体安排，在具体的年度训练中要服从这种安排。年度训练计划又直接对阶段训练计划、周训练计划等具体训练计划起到规定与控制的作用。

羽毛球年度训练计划的安排具有周期性，教练员依据训练规律而划分各个训练周期的基本结构，包括准备期、竞赛期和休整期，每个训练周期的安排循环往复、衔接连贯。随着运动训练理论的完善与训练经验的丰富，年度训练计划出现了越来越多的种类，其中单周期训练计划和多周期训练计划是两个基本的类型，而多周期制在羽毛球训练实践中运用较多，即在羽毛球年度训练中划分两个或两个以上的训练周期，前后周期连贯衔接，具体划分要以羽毛球运动员当年要参与的重大比赛的数量为依据，使运动员通过周期性训练从而在参赛时顺利达到竞技状态的巅峰。

年度训练周期由两个或两个以上的大周期组成，而每个大周期的训练安排都要以一次重大羽毛球比赛为依据。在羽毛球年度训练计划中采用多周期制使得运动员每年参加重大比赛的次数增加了，运动员每年要多次达到竞技状态的巅峰，在阶段性训练中形成最佳竞技状态，从而在每次比赛中都尽可能取得最佳成绩。在竞技羽毛球运动训练中采用多周期制也不是绝对的，具体要以运动员的训练水

平为依据。对于青少年羽毛球运动员来说，由于他们的训练水平较为有限，而多周期训练具有密度大、负荷刺激强的特点，所以不适合其使用，此时就应该采取单周期制，逐步提高训练负荷，使青少年羽毛球运动员的训练水平和竞技能力在循序渐进中不断提升。

（一）年度训练计划的内容

1. 上一年度训练总结

（1）阐述运动员参加各项比赛的情况。

（2）分析运动员竞技能力指标的完成情况。

（3）分析运动员成绩指标的完成情况。

（4）描述运动员体质和运动伤病情况。

（5）总结成功经验，指出主要存在的问题。

2. 本年度训练安排

（1）提出本年度训练目标、训练任务。

（2）明确各项竞技能力指标的标准。

（3）明确训练内容和各项内容的比例。

（4）划分两个或两个以上的训练周期，明确各个训练阶段的目标和任务。

（5）安排各个周期的训练负荷。

（6）根据参赛时间安排赛前训练，做好准备工作。

（7）在不同周期安排相应的身体机能测定和医务监督。

（8）指出训练成绩测评指标与方法。

（二）年度周期性训练的结构划分与训练安排

1. 准备期

在中周期训练的准备阶段，主要训练任务是促进运动员竞技状态的初步形成，为下一阶段的训练奠定基础。在整个训练周期中，准备期作为第一个阶段，对后面的训练具有决定性影响，因此要特别重视一年中的夏训和冬训。准备期包括一般准备期（第一阶段）和专门准备期（第二阶段）两个部分，但因为第二周期的准备期也就是夏训的时间并不长，所以可不对一般准备期做专门的安排，将重点放在专门准备期上。

若根据需要而安排一般准备期，那么要注意在该阶段进行全面的运动素质训练，促进运动员身体机能水平的提高，为羽毛球技战术训练等专项需要打好基础，为竞技状态的形成做好铺垫。

专门准备阶段要通过训练而使运动员的竞技状态初步形成，这个阶段的训练应该与羽毛球运动的专项特点结合起来，以专项体能训练为主，同时促进技战术能力的改进和心理素质的提升。这个阶段为了将运动员的竞技状态激发出来，可安排比赛，但要注意对运动量和强度的控制。

在年度训练中，不同阶段的准备期的时间长短和负荷特点不同，一般第一阶段的准备期至少三个月，要循序渐进增加负荷，具体以增加运动量为主；第二阶段不超过两个月，要逐渐减少运动量，同时增加运动强度，从而逐步提高竞技状态水平。

2. 竞赛期

竞赛期要使运动员已掌握的羽毛球技战术在比赛中得到检验和巩固，要促进运动员专项能力的深化和运动思维能力的提升，同时培养运动员的自信心和应变能力。这个训练阶段最重要的任务就是使运动员以最佳竞技状态参加比赛。

竞赛期训练负荷的安排要围绕竞赛需要而进行，减少负荷总量，慢慢趋于稳定，不断提高训练强度直至最大强度，与比赛强度接近或相同，使运动员形成最佳竞技状态。竞赛期的训练具有测验性和比赛性，只有结合比赛需要来安排训练内容和方法，才能使运动员顺利达到最佳竞技状态。为了使运动员达到竞技状态的巅峰，在这个阶段一般要安排七八次比赛性质的特殊训练。

3. 休整期

竞赛期的训练和比赛都是强度很大的，运动员经过这个阶段后往往处于疲劳状态，所以要通过一段时间的休整来消除身心疲劳，恢复能量，为下一周期的训练打好身体基础。因此，休整期的训练要以调整和恢复为主。

（三）年度训练的调控

（1）从训练开始到运动员参加重要比赛，这个过程中训练负荷的安排应该是连续不断的、有节奏地增加。

（2）训练强度循序增加，逐渐减少训练量或保持一定的训练量。

（3）训练内容从一般向专项过渡，将二者有机结合起来。

（4）训练方法、手段从简单到复杂，从单一到多元，从一般到专项。

（5）年度训练结束时必须要有一个休整期，以疲劳恢复为主。

## 二、羽毛球全面提高阶段训练计划的制订

### （一）训练要求

全面提高阶段的训练以促进专项竞技能力的全面提高与发展为主要目标和任务，使运动员达到竞技状态的巅峰，形成与保持最佳竞技状态。

1. 身心素质训练要求

（1）身体素质训练要求

第一，将一般训练和专项训练有机结合起来，以一般训练为基础、专项训练为重点，专项身体训练的比例要逐步增加。

第二，抓住各项身体素质发展的敏感期进行专项训练，尤其是力量素质、速度素质、速度耐力等身体素质的训练。

（2）心理素质训练要求

重视心理素质训练，重点培养羽毛球运动员的"球感"，使运动员掌握好击球点，控制好击球弧度和球的落点。同时要注重培育运动员的意志品质，健全运动员的个性心理，提升运动员在比赛中的灵活应变能力和心理自控能力，主动克服心理障碍。

2. 技战术训练要求

（1）技术训练要求

第一，全面掌握各项技术，能够准确而快速地完成各项技术，并能连贯运用多项技术，灵活选用需要的技术，在特殊情况下具备灵活发挥技术的能力。

第二，在将所有羽毛球技术全面掌握的基础上重点训练特长技术，形成个人风格打法，提升竞争优势。

（2）战术训练要求

第一，全面掌握各项战术，对战术意识进行培养，提升运动员合理选用战术的意识与能力。

第二，从运动员个人实际出发提高训练的针对性，促进个人风格与特色的形成，在战术能力上形成优势。

第三，双打战术的训练要强调配合的重要性，提高运动员的合作意识、协作能力。

### （二）训练方法

全面提高阶段要以全面训练为主，因此训练内容必须全面，包括身心训练、

技战术训练，加强综合训练。各项训练内容的训练方法与手段要各有侧重，围绕训练目标和任务而实施训练方法。

1. 身心素质训练方法

（1）体能训练方法。结合羽毛球专项特点而加强专项体能训练，处于敏感期的身体素质训练是重中之重。在打好一般身体素质基础的前提下增加专项体能训练，采用多元化训练方法，如重复训练、变换训练、间歇训练以及体能与技能结合训练等。

（2）心理素质训练方法。

第一，通过责任感教育培养运动员形成正确的世界观，通过理想教育培养运动员勤奋努力、克服困难的品质。

第二，培养运动员遵守规则和制度的正确态度和良好习惯，培养运动员的自信心，使其在训练中承受大负荷运动量的能力得到提升。

第三，引导运动员主动评定自己的优缺点，鼓励自己，监督自己的言行，学会对自我训练的效果进行预测，明确自我发展的目的，养成自我磨炼意志的良好习惯。

第四，从不同运动员的个性特征出发安排训练，引导运动员克服不良心理状态，形成与保持良好的个性心理特征。

在全面提高阶段要注意以赛代练，不断增加比赛训练法的比例，加强赛前和赛中心理训练与调整，使运动员在比赛中发挥正常水平。

2. 技能训练方法

（1）安排球路组合练习，以综合性练习为主，循序渐进地增加难度，从而对运动员的个人打法风格进行培养。

（2）强调运动员在移动练习中熟练掌握和准确运用技术，不断增加练习难度，使运动员灵活运用各项技术的能力得到提升。

（3）将技术训练和战术训练结合起来，使运动员能够连贯使用多项技术，并能实现从技术到战术或从战术到技术的灵活转化，同时也要注重培养运动员的战术意识与应变能力。

（4）在保证运动员将所有技战术全面掌握的基础上，对其特长技术和个人风格进行培养，并根据运动员在比赛中暴露出来的缺陷进行专门的对弱势技术的训练，以全面提高运动员的技术能力。

### （三）比赛安排

根据运动员的训练水平和综合竞技能力水平而安排其参加不同类型的比赛，如对抗赛、邀请赛和高水平正规比赛，达到以赛代练的效果，从运动员在比赛中的表现来发现问题，以明确后面训练的重点。适当安排比赛可丰富运动员的比赛经验，为培养运动员的临场反应能力提供良好的机会。

## 第二节　羽毛球年度训练与比赛的安排

### 一、羽毛球年度训练的安排

随着竞技体育发展水平的不断提高，不管是哪个项目，都应该与专项竞技特征紧密结合来安排运动员的年度训练，将专项特征突显出来。有些项目的运动员年度训练安排存在一些共性，如训练分期适应参赛需要、有针对性地安排训练内容以及适当增加年度参赛次数和加大参赛密度等，这些共性特征在羽毛球运动员的年度训练安排中能够充分体现出来。

#### （一）训练分期适应参赛需要

为羽毛球运动员制订年度专项训练方案，主要是对运动员在各个时期的训练内容、训练方法进行科学规划。而对年度训练计划进行制订的前提是科学进行训练分期，合理划分训练周期，如果做不到这一点，那么很难对年度训练进行统筹安排，也难以保证运动员通过训练进而提升竞技能力与比赛成绩，如果安排不合理，还会引起过度疲劳、运动损伤。所以，羽毛球运动队对运动员的年度训练安排、训练周期划分非常重视。

竞技羽毛球水平的不断提高，特别是羽毛球比赛强度的增加对羽毛球运动员年度训练分期的安排提出了更高的要求，必须依据比赛需要而不断优化训练周期。随着羽毛球赛制的更新，羽毛球比赛呈现出数量增加、参赛密度较大、消耗能量更多等特征，因此必须根据这些特征而有针对性地调整运动员的训练计划、比赛安排以及恢复方案，对年度训练的周期划分及各阶段的训练安排要更加灵活，贴合比赛实际，符合专项特征，从而使运动员形成与保持良好的竞技状态，不断提升竞技能力。

为了适应年度参赛的需求和赛事增多的特征，羽毛球运动员的年度训练安排以中周期和小周期为主，高水平运动员不仅要像普通运动员一样进行以中周期为主的训练，还要结合自己所要参加的重大赛事的举办日程来进行短周期训练，从而尽可能以最佳竞技状态去参加比赛。

## （二）具有现代性

作为我国的传统优势项目，羽毛球运动的竞技水平越来越高，专项竞技特征越来越突出，对此，羽毛球教练员需要结合羽毛球发展的新特征和新趋势来安排羽毛球运动员的年度训练规划，体现出年度训练的现代性特征。促进运动员竞技能力的进一步提升，使其在比赛中获胜，这是羽毛球训练的直接目标，所以，必须基于年度重要比赛的安排来开展年度训练，同时要结合竞技羽毛球的新特征及羽毛球运动员自身的竞技状态来系统实施计划内容。

在现代羽毛球运动员年度训练安排中，要特别重视羽毛球运动的专项特点和比赛特点，也就是竞技能力特点和功能特点，不管是羽毛球训练，还是羽毛球比赛，始终都以运动员竞技能力的发展与发挥为中心而展开。现代竞技羽毛球的发展强调运动员要拥有整体性的竞技能力，全面提高各项竞技能力，并使体能、技战术、心智等各项要素相互作用、相互促进、协同发展。现代羽毛球比赛的节奏越来越快，每个回合所用的时间越来越多，两个回合之间只有很短的间歇时间，运动员必须要适应这种高强度比赛，并具备自我恢复的能力，这样才能应对比赛，坚持完成比赛，取得优异成绩，这便对运动员的综合竞技能力提出了很高的要求，要在全面提高各项竞技能力的基础上掌握快速多变的羽毛球打法，形成自己的技战术风格，克敌制胜。

羽毛球运动员既要参加全队统一的系统集训，又要参加赛间训练，在年度训练计划中要充分衔接中周期和小周期训练，不断调整与优化训练结构，将系统的中周期训练、专门的比赛小周期训练以及正式参赛等各个部分协调好，处理好相互关系。在参加完一站的比赛后，及时发现问题，总结经验，吸取教训，对竞技状态进行调整，促进恢复，为下一站的比赛做好全面准备。

## （三）训练内容更有针对性

随着专项羽毛球赛事的增加，运动员年度训练中的集训时间所占比例有所下降，但不能因为这个原因而影响训练成效，所以要特别强调训练效率和效果，而且要运用比赛训练的时间来从根本上提高训练成绩和参赛能力。羽毛球运动员在一年中的集训与比赛训练应该有机结合，从而跟随羽毛球赛事节奏的变化来不断提升竞技水平。

此外，高水平羽毛球运动员在年度训练中必须增加针对性训练的内容，主要是针对强劲对手的情况和根据参赛需要来突出训练的针对性、侧重性，争取通过针对性训练而在赛场上战胜对手，取得胜利。在高水平羽毛球运动员的针对性训练中，尤其是在比赛训练期间安排具有针对性的训练内容时，要特别重视特长技战术的训练和针对对手的专门技战术训练，这种针对性训练的内容所占比例应有所增加，同时也要在赛前占用一定的时间来对即将交锋的对手进行全面分析，从而做到心里有数，尽可能通过针对性训练而提高以己之长攻彼之短的能力。总之，高水平羽毛球运动员年度训练内容的安排必须突出针对性、实战性。

## 二、羽毛球年度比赛的安排

### （一）比赛数量相对增加

体育运动发展中，各项目为了使大众不断提升的观赏需求得到满足，从而不断提升项目的竞技水平和比赛水平，使竞技比赛更有观赏性。为了发展竞技比赛，各项目设置的专门比赛越来越多，或结合市场经济而争取商业赞助和社会支持。竞技体育比赛的观赏性是由参赛运动员的竞技水平所决定的，只有运动员竞技能力强、参赛水平高，才能使比赛过程更加激烈、比赛结果更有悬念，如此便增加了比赛的观赏性。

为了适应与满足人们观赏高水平比赛的社会需求，体育项目的专项赛制不断调整与优化，年度比赛安排的标准也越来越严格，而且年度比赛的数量较之前有所增加。竞技羽毛球同样具有这个特征，羽毛球年度比赛的增多使得羽毛球运动员能够参加的比赛更多，只有多参赛，积分才会逐渐累积，从而提升国际排名，使高水平运动员在国内外的社会知名度和影响力更大。为了适应参赛需要，羽毛球运动员赛前的训练时间必须充足。一些重大羽毛球赛事的举办时间比较集中，从而增加了比赛密度，运动员在赛事期间必须加强训练，以小周期训练为主。

### （二）比赛的序列安排

在竞技体育比赛的发展中，比赛安排具有很强的操作性，对竞赛理念和指导思想的贯彻是否积极，对竞赛设置的战略构想是否准确理解，对竞赛过程与竞赛目标的关系是否有正确的把握，这些都直接反映在比赛安排中，或者说比赛安排对这些方面有直接的影响。国际性的羽毛球年度比赛有不同的类型与级别，如广为人知的世锦赛、超级赛、大奖赛等，此外很多国家也设置了国内比赛，形式各异，有级别之分。对高水平羽毛球运动员来说，世界性的高水平比赛更加重要，他们在世界上的排名直接由参加国际重大比赛的成绩所决定,因此他们会全力以赴参加这些比赛,而至于国内比赛,他们一般用以赛代练的态度来参加。

世界羽毛球联合会对年度比赛规划特别重视,不断优化对年度比赛的安排,吸引世界各国的高水平羽毛球运动员参加,促进比赛效益的提升。

羽毛球训练和比赛密切联系,相互影响,相辅相成。羽毛球训练的目的是促进运动员竞技能力的有序提升,使其具备良好的参赛能力,在比赛中有很好的发挥,取得优异的成绩。羽毛球比赛对运动员的成长和发展具有重要作用,通过比赛可以促进运动员竞技能力的提高,对其训练效果进行评价和检验,并能从中发现问题,为后面的训练提供参考,以便更科学合理地安排各个训练周期的训练内容与方法。此外,运动员在训练中形成的竞技能力要在比赛中充分发挥出来才能转化为可量化的实实在在的成绩,才能让人看到运动员的实力。鉴于羽毛球训练与比赛密不可分、相互促进,因此必须将羽毛球运动员训练和参赛的关系处理好,促进羽毛球运动员取得进一步的突破和更好的成绩。

## 第三节 羽毛球运动训练的科学管理

### 一、羽毛球运动训练的资源管理

#### (一)物力资源管理

羽毛球训练的物力资源管理主要指对羽毛球训练场馆和训练器材的管理。对羽毛球场馆的管理主要从卫生、安全等方面着手,此外,近年来场馆的信息化管理也受到了一定的重视。信息化管理是提高场馆网络化运营服务水平、丰富运动训练服务内容、实现场馆综合服务目标的重要途径。做好信息化管理工作,可推动羽毛球场馆的可持续运用,更好地为运动员训练而服务。羽毛球训练器材是羽毛球一般与专项训练中所使用的各种器械、装备及用品的总称。在羽毛球训练器材的管理中,要重点加强对羽毛球拍的管理。

#### (二)财力资源管理

羽毛球训练的财力资源管理主要包括训练经费的筹集管理和支出管理。一般来说,训练经费的筹措路径主要包括国家财政拨款、社会筹集、体育产业创收。训练经费支出主要包括训练耗材的支出、训练补助、训练服的支出、日常生活费用、教练员报酬、科研经费支出等。要做好筹措与支出管理，提高资金运用效率，为羽毛球训练提供基本保障。

### （三）人力资源管理

羽毛球训练的人力资源管理主要包括教练员管理、运动员管理和相关工作人员管理，其中最重要的就是对运动员的管理，具体包括选材管理、思想教育管理、文化学习管理、生活管理、训练管理和参赛管理等，这些管理内容缺一不可。而对于其他人员的管理，主要从人力资源规划、人员招聘与选拔、薪酬管理、培训与开发、绩效考评等方面着手。

## 二、羽毛球运动训练的过程与质量管理

### （一）训练过程管理

羽毛球训练是一个科学化的过程，"正确运用高水平的运动训练和教学方法，运动员的羽毛球技能水平将会得到迅速提升。"[1] 在羽毛球运动员的成长成才过程中，需要运用科学的训练管理机制对整个培养与训练过程进行控制。羽毛球运动员培养与训练的过程具体包括选材、科学诊断、制订目标、制订计划、按计划实施训练、评估训练效果等环节。对各环节都要加强监控与管理，明确不同阶段的管理任务，努力实现各阶段的培养与训练目标，进而实现终极目标，即培养优秀的运动员人才，提高运动员的竞技能力。

### （二）训练质量管理

训练质量管理指的是为了保证达到规定的质量标准而采取一系列措施、手段和方法进行管理的活动。训练质量标准是训练质量监控的依据。训练质量标准是训练计划、训练指标、训练方法、训练手段、负荷安排等内容的质量标准的综合体。对羽毛球训练质量进行监控与管理，要科学选择监控与管理方法，监控方法要能客观反映羽毛球运动员竞技能力各因素的相互关系，要能基本判别训练程度与性质，能发现训练过程中的问题，从而通过干预来达到预期效果。

---

[1] 颜开，朱健文.浅析高水平羽毛球运动训练与教学研究[J].教育教学论坛，2018（37）：191.

## 第四节　羽毛球运动训练的医务监督与保障

### 一、定期身体检查

在竞技羽毛球后备人才选拔培养或竞技羽毛球运动员训练的过程中，都要注重定期身体检查，将定期身体检查结果记录在运动员健康档案中，对运动员的身体健康状况有所了解，并根据训练后身体机能和运动素质的变化来判断训练是否科学合理，并为之后的训练提供现实依据，提高训练的针对性。

#### （一）初查

年轻羽毛球运动员入队后，在进行系统训练前要先全面检查身体，以便了解其最初的身体健康状况，为其建立健康档案。羽毛球教练员要参考初查结果而为新入队的羽毛球运动员制订恰当的训练方案、确立合适的训练目标、选择科学有效的训练方法。

#### （二）复查

复查应该是在训练一段时间后进行，通过复查了解运动员经过训练后身体方面有哪些变化、训练效果是否达到预期。一般在每个训练周期结束时进行复查，教练员要以复查结果为依据而进行训练计划的调整、训练方法的改进以及训练内容的取舍。

#### （三）补充检查

补充检查一般针对的是即将参加重大比赛的运动员，此外，发生运动伤病后经过长期休息、身体已经恢复的运动员在重新投入训练前也要进行补充检查，检查内容包括身体形态检查、身体机能检查、身体素质检查、心理测定以及相关医学检查等。

### 二、运动损伤的防治

#### （一）羽毛球运动损伤的基本理论

1. 羽毛球运动损伤的概念

"羽毛球大众人群越来越多，羽毛球运动具有健身娱乐的价值，也是运动损伤多发的项目。"[①] 在羽毛球运动过程中发生的所有损伤或因羽毛球运动相关因素而造成的一切损伤就是所谓的羽毛球运动损伤。羽毛球运动损伤是运动损伤中的一种类型，它的发生与羽毛球专项特征、羽毛球训练、羽毛球比赛、羽毛球发展环境、羽毛球动作等因素的关系极为密切。

在羽毛球运动训练中，要做好运动损伤预防工作，一旦发生运动损伤，要及时治疗，不能拖延，防止小损伤发展成为严重损伤，此外要将训练与损伤治疗结合起来，促进运动康复。

2. 羽毛球运动损伤的特点

（1）羽毛球运动损伤的发生场合特点。在羽毛球运动损伤事件中，有将近80%的运动损伤是发生在羽毛球训练中的，既有急性损伤，也有慢性损伤，比较多见的是后者，特别是劳损。有大约16%的运动损伤发生在羽毛球比赛中，主要是急性损伤，以关节韧带扭伤和肌肉拉伤较为常见。其余运动损伤主要发生在其他羽毛球活动中，如羽毛球教学、羽毛球健身锻炼等。

（2）羽毛球运动损伤的发生部位特点。从羽毛球常见运动损伤的发生部位来看，羽毛球运动员的下肢部位容易发生运动损伤，因此下肢运动损伤是羽毛球运动损伤的主体，最常见的是膝关节损伤，踝关节损伤、足部损伤、小腿损伤、大腿损伤依次排在膝关节损伤之后。

上肢部位损伤的发生率仅次于下肢部位，最常见的是肩部损伤，肘关节损伤排在其后。

躯干部位损伤的发生率排在上肢部位之后，以腰部损伤与髋部损伤最为多见。

（3）羽毛球运动损伤的性质特点。

第一，损伤的程度特点。羽毛球运动损伤中，从损伤程度来看，多为中轻度损伤，患有慢性劳损的运动员很多都会坚持训练。骨折、韧带断裂、半月板撕裂等重度运动损伤较少出现在羽毛球运动中。

第二，损伤的组织结构和种类特点。从损伤的组织结构来看，肌肉、肌腱、韧带、筋膜等软组织的损伤和软骨损伤在羽毛球运动中较为常见，很少有内脏器官损伤或骨组织本身发生损伤如骨折的情况。在软组织损伤中，比较常见的是肌肉组织损伤，其次是软骨损伤，最后是韧带和关节囊损伤。

第三，损伤的病程发展特点。羽毛球运动损伤多为慢性损伤，急性损伤较少，

---

[①] 刘璇.浅谈大众羽毛球运动损伤[J].科技信息，2012（4）：290.

但重度损伤中多为急性损伤。通常运动水平较低的运动员容易出现急性损伤，而训练年限多、经验丰富、竞技水平高的运动员很少发生急性损伤，而是以慢性劳损为主。

### （二）羽毛球运动损伤的预防

#### 1. 提升自我保护意识

培养羽毛球运动员的自我保护意识，向羽毛球运动员传授自我保护的基本措施，提升其自我保护能力。

#### 2. 准备活动应充分

准备活动不充分是羽毛球运动员在训练中发生运动损伤的常见原因之一，因此羽毛球运动员在正式训练前要做好充分的准备活动，即预热，这样可以有效预防运动损伤。

羽毛球运动员在热身准备中要活动四肢、头颈部和躯干等各个部位，并进行适当的慢跑热身，活跃身体血液，使运动时的血液供应得到满足，为有氧运动奠定良好的基础。另外，运动员做好充分的准备活动还有助于使神经系统的兴奋性、灵活性得到提升，提高平衡与协调能力，使失衡性损伤的发生得到预防。

#### 3. 规范秩序

在羽毛球训练中，如果训练无序、状态混乱，那么运动员很难集中注意力训练，这就增加了受伤的风险。所以，必须加强对羽毛球训练秩序和训练环境的管理，营造良好的训练环境与氛围，使运动员集中注意力训练，并自觉遵守运动规则和训练制度。

#### 4. 保护特殊部位

羽毛球运动员在比赛或训练中比较容易受伤的部位是手腕部、膝关节和踝部，因此在训练中要特别注意对这些部位的保护，必要时将保护装置佩戴在容易受伤的部位，以预防损伤或减轻受伤程度。

#### 5. 伤后及时处理

羽毛球运动员发生运动损伤后要及时处理，待完全康复后再恢复训练，如果旧伤未好就训练，很容易出现新伤或使旧伤加重，因此必须保证运动员训练前身体情况良好。

#### 6. 其他

除了以上几种预防措施外，还要注意加强运动卫生监督，优化训练环境，改善训练条件，预防运动疲劳，这些都是预防运动损伤发生的关键。

## （三）羽毛球训练中的常见损伤及防治

1. 擦伤

擦伤属于开放性损伤，常见于皮肤表层。羽毛球运动员因重心不稳摔倒后，皮肤与地面摩擦，从而容易造成擦伤。

（1）处理。

第一，如果伤口小，只是皮肤表层有症状，没有异物附着在擦伤部位，那么需先用生理盐水进行消毒处理，然后将红药水涂抹在患处。

第二，如果伤口大，伤处附着异物，容易感染，这种情况下进行冲洗消毒后要清除异物，然后用纱布覆盖伤口，再用绷带包扎起来。

第三，如果患处严重污染，必须由专业医务工作者进行清理，再服用抗菌药，必要时需打破伤风针。

需要注意的事，暴露治疗的方法不适用于擦伤，否则会引起伤口干裂，从而影响康复。

（2）预防。在平坦无障碍的场地集中注意力训练，训练前做好充分的准备活动，提高身体协调性和平衡性。

2. 肩关节损伤

羽毛球运动员在训练中如果肩部承受过重负担或高手位击球动作不当，则很容易发生肩关节损伤，不小心摔倒时也可能发生肩关节损伤，如肩关节脱位。肩关节损伤的症状为挥拍时肩关节疼痛感明显，不能发力。

（1）处理。对于急性肩关节损伤，首先冷敷患处，时间大约为20分钟，然后包扎处理，减少受伤部位的活动，包扎一天后受伤手臂轻微活动，时间不宜过长，随着不断的恢复，训练时间逐渐延长，直至完全恢复后再进行正常训练。

（2）预防。在日常训练中加强肩部力量训练，用杠铃进行推举、卧推等练习，在单杠上做引体向上动作，或在肘部放上重量物品，手臂体侧平举，持续2分钟，然后休息15秒继续练习，重复若干次，间歇时间要通过正压肩、反拉肩和肩部绕环等方式来达到放松的目的。另外，也要加强肩部柔韧练习，提高肩关节的柔韧性，避免因肩部僵硬不能充分挥拍击球而受伤。

3. 肘关节损伤

局部负担过重与技术动作不规范是造成肘关节损伤的主要原因，症状为静止状态下无感觉，活动状态尤其是运动状态下感觉疼痛，无法用力击球，活动范围有限。

（1）处理。对于急性肘关节损伤的处理，应立即局部冷敷，然后加压包扎，屈肘 90° 使用三角巾悬吊固定。伤后 24 小时外敷新伤药，并配合按摩疗法。

（2）预防。

第一，做好准备活动，将各关节充分打开。

第二，将拍柄加粗，减轻握拍时肘部肌肉承受的负担。

第三，加强手臂力量练习。

第四，必要时在训练中佩戴护肘。

4. 踝关节损伤

羽毛球运动员在训练中，踝关节活动次数非常多，常见于全场移动、起跳等下肢活动中。踝关节大量活动也增加了受伤的风险，当运动员存在起跳失误、落地时支撑不稳定、缺乏准备活动、技术不规范等问题时，踝关节很容易受伤。

（1）处理。踝关节扭伤后，要立即停止运动，不要揉搓伤处，不能在对伤情缺乏正确判断和诊断的情况下盲目冲洗、冰敷，更不能盲目用药、包扎，如果没有科学根据而只根据仅有的经验盲目处理，很容易给正规治疗造成阻碍，影响康复，使患者错过最佳治疗时机。

正确的做法是：伤后用拇指压迫痛点止血；如果受伤严重，则在紧急处理后立即送医治疗。在痊愈之前不要擅自恢复训练。

（2）预防。

第一，做好准备活动，增强身体机能。

第二，提高自我保护水平，循序渐进地增加运动强度。

第三，合理安排运动量，避免过度疲劳。

# 第六章　现代羽毛球运动教学模式的创新应用

## 第一节　慕课模式在羽毛球教学训练中的应用

### 一、慕课的概念

慕课是计算机网络技术迅速发展的产物，它具有大规模性、在线性、开放性、高效性等特点，正是因为如此，慕课在教育教学领域得到广泛应用。近年来，体育慕课教学是高校体育教学信息化改革的重点，也是体育教学信息化改革的重要方向。体育慕课教学模式克服了传统教学模式单一的弊端，确立了学生的主体性地位，慕课作为在线教育的延伸和拓展，蕴含多种教育理念。

慕课虽然也是一种网络在线课程，但是它与传统的网络课堂之间还是存在一些比较明显的差异的，主要体现在以下五个方面：

第一，慕课的教学目标与课程计划都是非常明确的。通常慕课开始之前，教师会对课程的基本情况进行简单的介绍，包括具体的课程要求、教学进度安排以及学生需要达到的程度等；此外，学生也需要在上课之前用邮箱注册一个自己的专属账号，并且仔细阅读课程的相关介绍，这样才能够保障教学活动的正常开展。

第二，慕课中的教学视频不是对课堂教学与会议所进行的录制，而是专门针对慕课教学而制作的视频。

第三，慕课的教学视频有一个非常突出的特点，就是由多个长度在10分钟左右的小视频构成，这主要是考虑学生注意力的特点。每一个小视频都非常简短精练，而且都重点讲解了一项学习内容，可以有效地吸引学生的注意力，促进学生学习效率的提升。

第四，微课的教学视频中设置了回顾性测试的环节，学生只有成功完成测试才能观看下面的视频，否则就要重新观看学习前面的内容，这样能够有效地提升学生的注意力，使学生在观看视频时更加用心。

第五，慕课针对学生的学习需求，设置了专门的作业提交区与学习交流区。学生在开展慕课学习的时候，除了要完成教学视频的学习之外，还要完成教师预先布置好的作业，并且及时提交完成的作业。除此之外，学生还需要参与到学习交流与讨论中，也可以提出自己的问题，通过与教师交流来解决问题。慕课还有一个优势，就是会组织一定的线下见面会，这样一来，学习同一课程的学生除了共同在线上开展学习交流之外，还可以在线下进行讨论、交流和学习。

## 二、慕课的特征

### （一）大规模

慕课是大规模的在线课程，因此，大规模性也是慕课的主要特征。众所周知，传统教学是有人数限制的，而慕课教学并没有人数限制，同一课堂上学习的人数可以达到数百万。

随着信息技术的发展，信息技术在教育教学中得到广泛的应用。教育信息化是教育发展的主要方向，而慕课作为不限制课堂学习人数的信息化平台，在教育教学领域日益受到重视。慕课是信息化时代的产物，慕课为世界各地的学生提供了信息化学习平台，在这一平台上，有来自世界各地数百万的学生在同一课堂进行学习，从而体现了慕课的大规模性，这也是其他信息化平台无法比拟的。

### （二）开放性

慕课作为大规模开放式在线课程，具有开放性的特征。关于慕课的开放性，可以从以下三方面对其进行分析。

第一，教育教学理念的开放性。慕课平台注重平等性和民主性。同时，慕课平台上的课程资源是面向世界各地、各族人民的，没有任何人群的限制。除此之外，慕课平台提倡只要想学习的人都可以在平台上进行注册，从而学习慕课上的各种资源。

第二，教学内容的开放性。慕课平台上蕴含着大量的网络在线资源，且这些资源的内容是开放性的，没有时间和空间的限制。

第三，教育教学过程的开放性。讲授者与学生的上课、交流、测试、评价等都是在慕课平台上进行的，教育教学过程是开放的。

可见，慕课有着优质的教育资源，同时将这些优质教育资源上传到慕课平台上，真正实现了资源的全球共享。慕课的开放性有利于促进教育国际化的发展，有利于实现全球教育资源共享，也有利于世界各地学生树立终身学习的观念，更有利于促进教育公平化的进程。

（三）技术性

技术性也是慕课的主要特征。慕课是信息技术高速发展的产物，与其他的网络公开课程不同，慕课并不是教材内容到网络内容的简单搬移，而是充分利用信息技术的优势，实现讲授者和学生之间的在线交流与互动。实际上，慕课是将整个教学过程从线下搬到了线上，真正实现了在线课程教学。

同时，慕课作为信息化平台，它主要采用短视频的形式进行在线教学。通常情况下，在每一堂课中，慕课所涉及的教学短视频的时长是 15 分钟左右。在这些短视频中，不仅包括学习的课程内容，还包括一些客观题，学生要对这些客观题进行回答，而慕课平台中的系统将对学生的回答进行评价，只有正确回答这些客观题，学生才能在慕课平台上继续学习。

慕课不仅充分利用了信息技术，还将云计算平台融入其中，这样不仅丰富了课程资源，还促进了海量课程资源的全球共享。另外，慕课还融入了大数据技术，在一定程度上促进了个性化教学的发展。除此之外，慕课平台中的各个网站也是精心设计的，这些精美的网站设计不仅有利于提高学生学习的热情，还有利于提高学生的学习效率。

（四）自主性

自主性是一个内涵十分丰富的概念，不同的学者对其的理解也不同，下面选取比较有代表性的观点进行具体分析。基于关联主义的慕课推崇者对慕课的自主性特征发表了自己的看法，具体而言，主要包括以下三方面：

第一，自主性强调的是学生在慕课学习过程中自己设计目标，不强调目标的事先设定。

第二，慕课学习中主题是明确的，可以供学生参考。但是学生通过慕课平台学习的时间、学习的地点都是不确定的，同时学生的学习方式、学习效率、学习快慢等都是不受限制的，也就是说学生可以自己决定学习的时间和地点，也可以自己决定学习的方式。

第三，除了需要获取学分的学生以外，其他学生的课程考核方式都不是正式的。学生对自己在慕课平台上学习的预期和效果可以自行评判，并没有固定的、专门的或正式的考核方式。

由此可见，基于关联主义的慕课推崇者强调慕课学习完成是学生自己学习的过程，并在学习过程中自行监督和调控。

学生结合慕课学习资源，根据自己的实际学习情况，选择合适的时间、地点对慕课上的资源进行学习。同时，学生根据自己的学习需求，有针对性地与他人讨论和交流，从而通过学习慕课资源来满足自己的学习需求。除此之外，还需要指出的是，慕课与翻转课堂相融合，有利于慕课作用的发挥，也有利于提高学生的自主性和主动性，从而不断提高学生的学习水平。

（五）优质性

与其他信息化平台相比，慕课具有优质性的特征。慕课涉及很多的课程，无论是世界慕课平台课程还是当前比较流行的"好大学在线"课程，都拥有着高质量的信息资源和学习资源，因为这些慕课平台上的课程资源都是世界各高校通过专门的技术团队进行合作开发、筛选、编辑、加工、整理、审核之后上传的。这些慕课资源不仅有代表性，还具有高质量性，这些都为慕课课程资源的优质性奠定了基础。

（六）以学为本

以学为本并不是慕课的表面特征，而是通过对慕课的系统分析、挖掘、归纳、总结出来的一种核心特征。以学为本强调的是以学生的学习为中心，也就是慕课上的信息和资源都要以学生为中心，为学生的学习提供丰富的资源。慕课将信息技术、云计算技术、大数据技术等计算机网络技术集于一体，为世界各地想要学习的人提供了丰富的资源，打破了传统教学模式的时空限制，有利于世界各地的学生根据自己的实际学习情况和需要，随时随地进行学习，从而获得自己想要学习的知识。

（七）非结构性

慕课在内容安排上也独具特色。具体而言，慕课中涉及的内容都是一些碎片化的知识，这些碎片化的知识经过专业领域教育者的组合形成了形式多样的内容，这些内容也是比较灵活的，可以根据需要随时进行扩充。各个不同领域的教育者对不同学科知识进行处理和集合，从而形成了内容集合，这个内容集合是慕课特有的，里面的知识可以进行再次重组，并利用慕课平台使这些知识彼此关联在一起。另外，还需要指出的是，慕课课程标准的设立，有利于提高课程质量，也有利于提高学生的学习水平。

总之，慕课是一种信息化的教学模式，它不受课堂人数、时间和空间的限制，学生在慕课平台上学习具有很大的自由性，有利于调动学生学习的积极性。

### 三、慕课模式应用于羽毛球教学训练的建议

在互联网快速发展的情况下，传统的教学模式已经满足不了学生的个体差异性，因此开设羽毛球慕课课程具有可行性。针对各高校面临着信息化教育改革的现状，在大学羽毛球教学中，慕课等在线网络平台成了教育现代化改革的实施方向。在传统羽毛球课堂中，一节课讲一个知识点，学生只能大致地了解羽毛球运动，不能学到羽毛球运动的精华，而通过研究"慕课+翻转课堂"在高校公共体育课程中的应用，探索羽毛球教学模式在互联网教学模式下的革新及对教师的发展要求，具有良好的教学效果。慕课是教育信息化下的产物，虽然教学视频精而短，但包含了完整的知识点。将慕课应用于羽毛球教学中，对技巧类动作的学习有着明显的优势，因此要发挥慕课教学模式的优势，加快学生掌握羽毛球技能知识的速度与牢固程度。

#### （一）将"慕课+实践"教学模式推广使用

"慕课+实践"教学模式勇于突破时间和空间的限制，具备开发多样化的教学手段，能够激发学生学习的兴趣。这种教学模式不仅丰富了学生的理论知识，同时解决了因学生个体差异产生的学习进度不同步的问题，同时也巩固了学生课上所学的动作技能，并引导学生在课下进行主动学习。但这种模式的应用还不是太广泛，特别是在体育领域，相关方面的教学模式探究较少，因此要从实际出发，加强高校教师队伍的教学创新，推广"慕课+实践"教学模式在课堂上的应用。

#### （二）加强培养与管控学生自主学习的能力

慕课这一教学模式需要学生有着自主学习的意识，课前预期与课后复习环节都需要学生有一定的自控能力。但在实际中存在的问题是学生的主观能动性较差，这就需要教师的引导，加强对学生的管控，最大化发挥慕课的优势，使学生养成自主学习的习惯，加强对学生自主学习意识的培养。因此，需要采用一些措施来督促学生加强自我控制力。

#### （三）培养和提升教师的信息化教学能力

慕课融入大学体育课堂是机遇也是一种挑战，不管是对学生还是对教师来说，都提出了很高的要求，教师需要课前筛选好教学视频，这会耗费教师很大的精力。在这一前提下，需要体育教师不断加强自己的信息化素养，具备一定的信息化教学软件应用的功底，才能不被互联网时代教学的快速发展所淘汰，才能丰富跟拓展体育教师网络化教学下的能力，提高体育教师的业务水平，保障每一堂课顺利

高效地开展。

### （四）加强学校优质体育慕课资源的开发

从学校实际出发，加强慕课资源的开发与利用，不断优化自身慕课的实施跟设计，将慕课更完美地融入课程教学当中去，结合体育课程特有的实践性的特点，整合本土特色，将体育慕课的实际效果发挥出来，充分发挥慕课对体育实践课程的影响力。学校自身要加大对教师及教学设备的投入，使教师有充足的时间投入到优质慕课的设计与制作中去，也可以开放学生反馈，结合学生意见完善慕课设计。学校也要加强对教师慕课设计能力的培训，为以后优秀慕课等线上课程的筛选、制作打下良好的基础，促进学校慕课更广阔的发展。

### （五）做好慕课制作及平台筛选

立足于优质资源对慕课平台进行选择，可在导航上搜索 MOOC 学院，里面针对课程平台进行了分类，根据实际选取合适的慕课平台，通过借鉴学习为慕课制作提供一定的基础。在慕课制作时，要从实际出发，进一步完善评价体系、学生管理体系等，也要结合学校实际特点，不能局限在某一方面，慕课的制作要倾向于使教师与学生更容易掌握与操作，因此做好慕课制作能够提高教学效率，丰富教学方法，符合学生需求，提高学生学习的积极性及学习效率。

### （六）制订体育慕课课程学习步骤

针对学生体育课程学习内容的实际，分情况设置相应的体育慕课学习课程，培养学生的信息化素养，使学生更好地掌握慕课学习的正确方式，针对学生在慕课课程学习中出现的问题提出要求。课前学生登录慕课平台完成观看视频、讨论、课前预习等相应课程的任务点，课后完成作业，并提供视频回放、论坛交流、课程评价等多个模块可供不同需求的学生进行选择。慕课课程学习步骤根据教师教学内容的实际情况可进行弹性化调整，目的是使学生更高效率地完成慕课课程内容的学习。

### （七）完善体育课堂评价体系

在当下传统课堂中教学评价采取的是终结性评价，忽略了学生的平时表现以及发挥情况。从学生角度出发，这种教学评价体系不太合理，忽略了学生在教学过程中的优秀表现，在很大程度上会打击学生的自信。不同的是在"慕课+实践"教学模式下评价方式大多采用形成性评价与终结性评价相结合，这种组合评价是传统评价的外延拓展，虽然改善了传统教学评价体系的弊端，但在面对体育慕课更多元化发展的情况下，要注重评价体系的多样化，使其更好地符合慕课发展的方向，打破传统评价方式的桎梏。创新网络化时代下慕课新的评价体系，使其更能体现学生的真实水平，有效解决了传统教学模式下评价体系不科学不严谨的问题，使体育课堂评价体系更可靠、更便利地朝着多元化方向发展。

## 第二节 微课模式在羽毛球教学训练中的应用

### 一、微课教学模式概述

#### （一）微课及其特征

微课是一种全新的教学理念。从广义的视角进行分析，微课就是一种解说或者一种演示，这种演说或者演示围绕某个主题的知识点展开，同时微课视频通常都比较简短，因而人们可以突破时空的限制利用微课开展碎片化的学习，学生的主要学习形式就是在线学习；从狭义的视角进行分析，微课设计的主要目的就是满足学生的实际学习需求。微课是以微课视频为主要载体的信息化教学活动。每个学生都是独立的个体，学生之间存在个体差异，因而微课能够使学生根据自身情况开展学习，能够实现学习的个性化。需要强调的是，"微课"和"微视频"是两个不同的概念，二者之间有一定的差异。具体分析而言，微课包含很多部分，如微视频、微课件、微练习等，因而可以说，微视频是微课的一部分，并不是微课的全部。

微课和传统的教学方式相比，具有很多显著的特征，主要包括如下五个方面：

1. 微课的主题更加明确

教师在教学实践中应用微课的主要目的就是解决很多传统教学模式在课堂中无法解决的教学难题，例如，教学的知识点复杂且缺乏一定的逻辑性、教学的重点和难点不突出等问题。

一般情况下，教师在制作微课视频时，已经有了明确的主题。一般教师制作的微课都是围绕着教学中的重点知识或者难点知识展开的，这样微课教学就能够有鲜明的主题，也能够易于学生的理解，帮助学生厘清学习的思路，使学生轻松地掌握教学中的知识点。

2. 微课更加弹性便捷

"微课是现代高校体育教育中的创新性教学模式之一，这种教学模式有助于弥补传统高校体育教学中师生之间缺乏互动、反馈、交流等不足之处，增强学生的自主学习能力，提升学生对体育学科的学习兴趣，从整体上增强高校学生的身体健康素质。"[①] 在我国传统的教学模式中，课堂教学时间一般都是固定的，即每节课一般规定为 45 分钟。而在微课教学中，微课视频的时间一般都比较短，只有 5 到 10 分钟的时间，因而年龄比较小的学生在学习微课视频时比较容易集中注意力，不容易分心，而且这些短小的视频也很容易吸引学生的注意力，激发学生的学习兴趣。

此外，微课的资源易于下载和储存，学生只需要携带移动设备就可以随时随地开展学习活动，非常便捷，具有极大的灵活性。

3. 微课可以实现共享交流

在互联网时代，网络为人们的生活提供了很多便利，它的显著优点就是可以实现资源的共享。由于微课教学依托于先进的网络技术，因而微课还有一个显著的特点，那就是微课可以实现资源的共享。

微课还可以为教师和学生提供一个网络信息交流的平台，在教学结束之后，教师就可以把相关的教学视频资料上传到网络上，从而供其他教师以及学生学习和借鉴，这也有利于教师之间切磋和学习，促进教师专业发展。

4. 微课的多元性与真实性

微课的多元性特点主要是指微课的资源形式非常丰富，它不仅包括视频形式的微课资源，还包括微教案、微课件等教学资源，教学资源的形式是非常多样化的。和我国传统的课堂教学模式相比较，微课这种多样化的教学资源可以提升学生的学习兴趣，使教师的教学更加精彩。在日常的教学实践中，无论是教师还是学生，他们在利用微课资源时都能够从中学习到很多东西。

对于学生而言，学生在利用微课学习时，可以利用相应的微练习来对已经学习过的知识进行练习和巩固，他们可以利用相应的微反馈来检查自己的学习效果，并查看错误题目的答案，巩固自己的知识。这整个过程可以大幅度提升每个学生的思维能力，使学生对自己的学习能力有更加清晰的认识。

对于教师而言，教师在制作微课的过程中也可以学习很多微课制作技巧，升华自身的教学技巧等，这个锻炼的过程也有利于教师的专业发展。微课的真实性

---

[①] 王卓. 数字化时代下微课在高校羽毛球教学中的应用策略研究[J]. 科学咨询，2021（10）：293.

特点主要是指微课在设计时都会选择真实的场景,从而使教师把微课和传统课堂教学结合起来。具体分析而言,教师在选择微课的场景时通常都会选择和所学专业相关的场景,如教师通常会选择高校的体育馆等场所来录制体育教学中相关的微课视频,这样能够体现出微课的真实性。

5. 微课具有实践性

由于微课开发的主体是广大一线教师,加之微课的开发本身就是以高校的教学资源、教师的教学与学生的学习为基础的,越来越多的高校通过微课这种新的学习方式进行探索研究,挖掘本校的微课建设,本身就具有很强的实践性。

在实践的过程中,需要注意微课的表达方式,生动活泼不仅要体现在精美的画面、动听的音乐以及明确的主题上,还要体现在精心设计的流程及其相应的互动方式上。

(二)微课教学的前提与分类

1. 微课教学的前提

(1)学生的自学能力。在微课教学中,学生必须具备较强的自学能力才能顺利地完成教师提前布置的学习任务,这就要求每个学生不断提升自身的自学能力。对于学生而言,其自学能力的提升和很多因素有关系,学生不仅要端正学习的态度,还要加强专注力的训练、提升自制力以及积极地排除很多消极因素的影响。

在实际的微课教学中,教师可以从三个方面来培养学生的自学能力:第一个方面,教师要在教学中采用多样化的措施来提升学生的学习兴趣,学生只有对学习充满了浓厚的兴趣,他们才愿意投入体育的学习中去,他们才愿意花费时间以及精力来学习体育;第二个方面,教师在教学中要多多鼓励学生,要多给予学生一些积极的评价,从而使每个学生都能够对自己充满信心,自信心对于学生而言非常重要,它能够让学生不断认可自我,这也将成为学生不断进步的动力;第三个方面,教师要和学生之间建立一种十分融洽、和谐的师生关系,这样在微课教学中,教师和学生处于一种十分平等的地位,学生也能够在十分愉快的学习环境中学习体育知识,锻炼各项技能。

总之,教师应该在潜移默化中培养学生的自学能力,从而为微课的教学做准备。

(2)科学化的教学理念。基于信息化技术,各个行业都开始了不同的变革,在教育领域也是如此。信息技术的支持,使我国的教育发展走上了快车道,各种信息技术应用在教育教学中,极大地提高了教育教学质量。信息技术使得各种教育设备具有了更高的可靠性,并且使用起来也更加便捷,网络技术的进步也使得教育教学不再受到地点以及时间的限制。先进的教育理论是实现信息技术与教学整合的必要前提,在教育教学中发挥着重要作用。

我国对推进信息技术在教育教学中的应用制定了一系列政策,提出了一些要求。例如,必须将优质的数字教学资源完善起来,将信息技术深入应用到教学中去,在教育教学中使用信息技术进行创新,使用信息技术来解决教育教学中的难题等。信息技术使人们的教学和学习活动有了更加广阔的空间,不仅可以进行实时学习,而且可以进行异地异时学习。教师和学生之间不再只是简单的课堂上的联系,而是借助信息技术开展远程教学、网络协作教学等,这些多种多样的教学模式将教育与教学引入了一个更加高效的阶段。在信息化的教学环境中,教师和学生不再被动地讲解和学习知识,而是充分发挥网络的作用,可以教师在线指导学生开展学习,也可以学生自学然后将疑问传递给教师来解答。这种教学模式极大地解决了教师和学生不同步的问题,并且学生可以随时随地开展移动学习,充分利用自己的碎片化时间。

在微课模式下,教学变得更为简单。对于学生来说,可以根据自己的步调进行学习,转变自己的学习状态,化被动为主动,也可以根据自己的兴趣开展学习,在此种背景下,学生学习的主动性就会得到发挥,从而开展自主学习,提高学生的自信心。由于微课的时长较短,其占据的内存就比较少,下载只需要花费很少的流量,方便了学生在移动设备上观看和下载学习。微课视频还具有一些其他功能,例如可以随时观看和暂停、随时快进和后退,这些都为学生的学习提供了很大的方便,学生观看微课视频之后,如果不理解,还可以反复观看,当看到有兴趣的内容时也可以再次观看。微课还方便了学生在任何时间和任何地点来学习,没有课堂上学习的时间和空间限制,真正实现了碎片化的学习。微课打破了传统教学模式的限制,将各种优秀教师的教学课件、教学视频集中到微课平台上,使学生能够轻松地获得优质的学习资源,感受名师的教学课堂。微课拓宽了学生的学习渠道,丰富了教学资源,有助于学生掌握多元知识。这种微课视频的学习方式,给教学和学习带来的变革是历史性的,也符合我国建设信息化教学的要求。微课真正将信息技术与教育教学结合起来,培养了学生自主学习的能力。

总之,微课利用现代信息技术实现了信息化教学,这种教学方式的更新极大地调动了学生的学习兴趣,也解放了教师的双手,使教师有更多的时间研究教学,而不是制订教学内容,这是时代发展的结果,也是教学发展的趋势。

(3)成熟的信息技术。信息革命浪潮的兴起,促进了互联网的全球化普及,让世界各地的人们可以更加近距离地交流。信息技术的发展同样也带动了其他技术变革,对社会发展产生了非常重要、深刻的影响。现代社会是信息化社会,所有领域都在试图利用信息技术进行变革,信息技术的快速发展对社会的发展产生了不小的影响,也提出了比较高的要求。在这一社会转型时期,人们必须要转变观念,用新的眼光来审视教育制度,对教学模式予以创新,并重点思考怎样在教学中运用信息技术,使信息技术成为教学改革的重要推动力。在这一高速前行的信息化潮流中,教育的目的也发生了变化,其中一个比较重要的目的就是使人们借助信息技术来丰富自己的知识,提高自己的专业技能。信息技术对教育的变革体现在很多方面,一方面,它改变了人们的学习习惯与学习方式;另一方面,它改变了高校长期以来固有的教学模式。鉴于此,高校也要转变既有观念,重新审视技术在教学中的重要性,要适当引入信息技术,使其可以在教学变革中发挥重要作用。新型教学模式的开展离不开多功能教室的支持,在网络的支持下,教师可以根据教学需要从而创设出不同的教学情境。当教师利用信息技术向学生展示教学内容的时候,多方位的展示显然会加深学生对知识的了解,这样也利于课程的顺利开展。

2. 微课教学的分类

(1)按照用户与功能划分。

第一,学生学习微课。学生学习微课主要的用户是学生,这种微课一般是通过录屏软件来录制的,将各学科的知识点的讲解录制下来,每个知识点大概在十分钟以内,这样学生可以根据自己的学习情况,选择自己需要的微课视频来学习。这类微课是翻转课堂教学的重要组成部分,是微课建设的主流方向。

第二,教师发展微课。教师发展微课主要的用户是教师,这种微课包含的主要内容是教学理念、教学方法、教学评价机制等,主要是对教师的教学技能来进行培训,也是教师设计教学任务的模板。教师发展微课主要用于教育研究活动、高校教师培训、教师网络研修等,这样可以提升教师的教育教学能力,改善教师的工作方式,促进教师的专业发展。

(2)按照教学方向划分。

第一,讲述型微课。讲述型微课是一种通过口头传输的方式来教学的微课类型,教师在课堂上主要对重点和难点知识进行讲述。

第二，解题型微课。解题型微课是通过对一些典型的例题进行解析，来对其中的知识点进行教学的微课类型。

第三，答疑型微课。答疑型微课是通过对学科中存在的一些疑点进行分析，然后获得答案来进行授课的微课类型。

第四，实验型微课。实验型微课对自然学科比较适用，例如生物、化学、物理等学科，可以通过实验步骤来学习其中的知识。

（3）按照录制方式划分。

第一，摄制型微课。摄制型微课是通过电子设备如摄像机等来录制微课视频的一种方式，可以将课堂上教师讲解的一些知识摄制下来，形成教学视频。

第二，录屏型微课。录屏型微课是通过使用录屏软件来录制微课视频的一种方式，如可以使用 PPT、Word、画图工具软件等将教学内容整理出来，然后在电脑上讲解，在讲解的同时使用计算机上的录屏设备进行录制，将声音、文字、图画等内容收录进来，经过进一步制作之后就形成了微课视频。

第三，软件合成式微课。软件合成式微课是指事先制作好教学视频和图画，然后根据微课的设计脚本，导入不同的内容，通过重组形成一个完整且系统的微课视频。

第四，混合式微课。混合式微课包含以上几种类型，将之混合使用就成了混合式微课。

上述提及的微课视频类型都是原始教材，要成为可以教学的视频还需要通过后期制作。

### （三）高校体育教学中微课的价值与可行性

1. 高校体育教学中微课的价值

（1）微课有利于促进高校教育教学模式改革。对高校教育来说，微课是一项十分宝贵的教学资源，同时它也为高校的教育教学改革奠定了重要的基础。微课的价值和意义是深远的，它不仅会对学生产生很大的影响，它还会对教师产生很大的影响，同时微课还有利于教师的专业发展。在我国一直实施的教学改革中，微课也是重要的组成部分。

目前，随着信息技术的快速发展，已经有各级各类的高校开始尝试在线教育，尤其在特殊的情况下，在线教育成了高校教育重要的补充方式。在人们的日常生活中有很多场合运用了在线教育，如寒假或者暑假时间，学生利用在线教育完成教师安排和布置的教学任务，在具体的在线教育实践中，微课就成了重要的学习资源。微课的优点很多，如它的内容重点突出，时间一般比较短，能够快速吸引学生的注意力等，微课的这些优点就使其成为在线教育重要的学习资源。对于教师而言，教师如果直接从网络中下载教学视频资源，往往还需要花费大量的时间和精力来处理这些教学视频资源，而教师如果利用微课开展教学则可以省去这些处理的时间，因为微课往往知识点清晰，易于教师使用。

（2）微课能够影响教师的专业发展。通常情况下，教师在教学实践中主要是向其他的教师同行学习和取经，从他们身上学习宝贵的教学经验，然而在一个高校里面，教师的数量毕竟是有限的，教师在实践中可以学习和参考的教师也是有限的。在体育教学中开展微课教学可以使教师扩大自己的交际圈，教师可以认识和学习很多其他优秀体育教师的教学经验，反思自己的教学过程、方法等，从而改进自身的教学。微课资源的制作者就是辛勤的教师，这些微课包含教师的教学思路和智慧，因而在教师实践社区中，不同的教师在交流和探讨微课资源时也是在学习和借鉴其他教师的智慧，这种交流和沟通有利于教师的专业发展。

（3）微课有助于改变校外教育的形式。随着越来越多的人熟悉和应用微课，目前我国有不少的在线教育企业尝试着把微课应用到在线教育实践中，从而体现出微课的商业价值。在在线教育中，微课的应用非常广泛，并取得了显著的教学效果，如中学生以及小学生的课外辅导以及社会人员的专业技能学习等方面。

随着信息技术的快速发展，我国涌现出了很多开展在线教育的企业，其中有一些企业最初是开展线下课外教育，后来进一步开展线上教育，还有一些企业直接开展面对中小学生的在线教育。虽然这些在线教育企业的发展步伐并不一致，但是它们都在教学实践中融入了微课，这种线上教育模式具有很大的优势，能够为学生营造良好的学习氛围，并节约学生的时间，提升学生的学习效率。

2. 高校体育教学中微课的可行性

（1）微课教学时间短，有利于学生反复学习。在微课教学中，一个具有决定性影响的部分就是教学视频，对于高校体育微课教学来说，这一点也不例外。在应用微课的时候，教师需要考虑众多因素，如学生的学习情况、不同院系学生的差异等，在此基础上制作针对性比较强的教学视频。

当前多媒体技术飞速发展，在计算机的辅助之下，即使计算机水平比较低的教师也能够比较轻松地完成视频的录制。在教学视频中，教师对学生体育练习中遇到的问题进行重点讲解，并且通过亲身示范来向学生展示关键动作，学生在学习微课的时候，可以反复观看教学视频，达到掌握各种动作的目的。

此外，由于微课的教学视频比较短小，往往在10分钟之内，学生可以在课下利用碎片化的时间随时随地观看学习，这为学生的学习带来了非常大的便利，也有助于体育教学水平的提升。就当前而言，高校的体育教学明显存在课时少、课程设置不合理的问题，这就导致学生的体育学习时间非常有限，也无法很好地掌握教师在课堂上所传授的内容，而教学视频则有效地弥补了这方面的不足，使课堂体育教学得到了很好的补充。

（2）微课有助于明确体育教学内容。微课教学通常针对的是课堂教学中的重难点内容，学生在经过微课学习之后，能够对重点知识形成系统的把握，也能够对学习中的难点有一定的了解，从而积极寻求教师的帮助。

体育教学利用微课开展教学，能够在很大程度上提升课堂教学的针对性，这样一来，由于前期学生已经自主学习了相关的内容，教师在开展课堂教学时会更加顺利。与此同时，教师还可以根据学生的学习情况进行一定的补充与延伸，不断增强学生的体育学习效果，从而促进体育教学水平的提升。

教师在对微课的内容进行设计时，不仅需要根据高校的教学要求，还要充分考虑学生的实际学习需求，不断优化教学计划与知识结构，以促进体育教学目标的顺利达成。

除此以外，由于微课教学充分利用了多媒体的优势，将文字、图片、音频、视频等资源有机地整合在一起，使体育教学内容更加直观、形象、生动，从而营造了良好的学习氛围，有助于增强学生对知识的理解与记忆。

（3）微课可以提高学生的学习兴趣。大学生正处于人生中的青年阶段，追求个性、敢于突破，对事物充满好奇心与新鲜感，而微课是一种新兴的教学形式，对于学生来说，具有非常强的吸引力。

将微课应用于高校体育教学，能够为学生提供一种崭新的学习平台，增加学生之间的互动交流，使学生的学习更加高效与便捷，从而最大限度地激发学生的学习主动性与积极性。

在体育微课教学中，教学视频是最主要的教学载体，教师围绕教学内容，选择合适的素材，制作教学课件，设计教学环节，并辅之以必要的教学反思、教学点评、测试考核等，从而构成涵盖诸多内容的体育教学微课，这样的体育教学具有内容充实、结构紧凑等诸多优势，能够极大地激发学生的学习积极性，从而促进体育教学质量的不断提升。

除此以外，教师在运用微课的时候，还可以充分利用网络平台设置各种各样的互动活动，增加师生之间以及学生之间的交流，营造良好的教学氛围，构建和谐的师生关系，使学生在轻松、和谐的环境中开展各种学习活动。

与此同时，教师也可以在与学生的交流互动中了解学生的体育学习情况，并在此基础上对自己的教学计划与教学内容进行适当的调整，以促进体育教学质量的提升。由此可见，微课应用于高校体育教学，不仅是必要的，而且是非常重要的。

## 二、微课教学模式在羽毛球教学训练中的应用

### （一）高校羽毛球课程教学中微课教学形式下的教学内容设计

微课可以衔接高校学生的课堂学习以及课后的自主学习，微课的教学形式有助于学生在课前对所学知识进行预习并在课后对所学知识进行复习，学生可以根据课前、课下的充分预习和准备在课堂上实现有目的、高效率地对知识进行吸收、理解和掌握，提升高校体育教师的教学效率以及高校学生学习体育课程的兴趣和学习效率。

总之，微课的教学形式在高校体育课堂教学过程中承担着纽带的重要作用，而羽毛球课程在高校体育众多课程中属于实践性较强的一门，与其他类型的课程相比更加需要与理论的充分结合，学生如果能够在课前或课下时间里对羽毛球运动的理论知识有所了解并充分掌握，教师在课上进行实际教学时就能够提升效率，学生在实践中也更容易掌握并利用所学的理论知识。因此，微课这一创新性课程模式在各高校的羽毛球课程教学中具体实施时，应该在课前对教学内容进行精心设计，从而更充分地发挥出微课这一教学形式对于高校体育教学水平提升的重要作用。

第一，高校体育教师应该对总体教学内容有一个初步的整体规划，综合分析本学期所有学生的具体情况，包括身体素质、羽毛球学习基础等等，设定本学期羽毛球课程的教学进度、教学目标，重点攻克教学难点，合理安排每一节课程的宝贵时间，与本校的教学培养目标和方式相结合，制定出总体性的教学计划与内容。此外还可以制作一些羽毛球运动基础知识或基本技术的微课视频，通过互联网发布到校园课程平台上，令学生能够在课堂之外的时间进行预习、复习、练习，提升自身吸收和运用羽毛球运动相关知识的效率。

第二，高校体育教师还应重视课堂教学环节的精心设计，教学环节应该简明有效，在课程开始时就使学生的注意力集中到教学内容上来，使学生对羽毛球这一运动项目产生浓厚的学习兴趣。因此，在设计课前热身活动时，不能太过僵

化和死板，避免对学生学习积极性的削弱。举例而言，教师可以在课前播放一些羽毛球的大型比赛视频，安排学生观看，让学生对这节课的学习内容进行讨论，在线上提出自己的疑惑和问题。学生可以通过对正手和反手高远球动作技术要领的仔细观察，线下对视频中的动作进行模仿，从而为课堂上的实际教学打下良好基础。

第三，高校体育教师还应该精心设计课堂教学内容。传统的羽毛球教学课堂往往以实践性教学为主，教师在课上向学生展示羽毛球技术动作要领，接下来带领学生对所学动作进行分解练习。而当微课形式被应用到高校羽毛球的教学中时，由于学生在课前已经对所学内容有了一个初步了解，带着自己的不足和疑惑进行实际的课堂学习，教师就可以更高效地、更有针对性地带领学生进行技术动作要领的强化学习，从而实现高校体育教学效率及教学水平的整体性提升，打破传统高校体育教学中存在的局限性，让学生能够在掌握理论的前提下进行实践学习，令学生真正成为课堂教学的主人、主体，实现师生之间主次关系的角色转变。

此外，教师还可以安排学生以小组为单位进行羽毛球竞赛，让学生亲身感受体育竞技的魅力，同时也能够对所学技术动作进行实战应用，在竞赛过程中总结自身的不足之处，努力练习和弥补，这种教学方式还有助于提升学生自身的合作能力以及合作意识。

第四，高校体育教师应该设计科学的成绩考核方式，形成多元化、科学化的成绩判定依据。传统羽毛球教学课堂的结课方式往往是通过学生对羽毛球实战技术的掌握情况进行打分，相对而言比较单一。然而在微课这一教学形式下，成绩评定的方式可以变得更加多元和多样，比如教师可以将定性评价与定量评价结合起来，综合得出最终成绩。

具体而言，定量评价指的是一种数字化的成绩评定依据，教师可以搜集每位学生的提问数量、学习时长、竞赛名次等数据，折算比例到最终结课成绩中。定性评价指的是对学生学习态度等无法用数据衡量的因素进行评价，如课堂参与性、动作标准性以及训练主动性等方面。定性评价与定量评价的结合，能够使高校羽毛球课程的成绩评定更加科学、公平和灵活。

（二）高校羽毛球课程教学中微课教学形式的课堂教学实践

1. 充分抓住课堂时间，提升高校羽毛球课堂教学效率

在高校羽毛球课堂实践中应用微课教学形式时，教师应该充分抓住课堂时间，提升高校羽毛球课堂教学效率。针对教学过程中的某一个关键性知识点，教师应

该充分地进行讲解并具体进行演示。在高校羽毛球课堂教学过程中，最重要的知识点就是羽毛球的技术动作，这也是羽毛球教学中的难点，特别是某些比较烦琐、很难完美做到的技术动作。因此要令学生在短暂而宝贵的课堂时间内对所学技术动作了解并掌握，教师就应该对具体动作或技术点仔细讲解，耐心倾听并解答学生在实际运用中遇到的问题或者理论方面的疑惑，从而避免学生对羽毛球学习形成"困难"的不良印象，避免打击学生的学习自信心和积极性。

举例而言，在教师以"正手击高远球"作为主要教学内容时，鉴于这一动作的操作难度较大，对于大部分刚开始接触羽毛球运动的高校学生而言，对知识点的单纯讲解或者一两次的动作示范并不能起到较好的教学效果，学生无法及时、准确地掌握并应用该技术动作。此时教师就可以通过微课更细致地展示该动作的分解过程，让学生能够在课前对该动作形成初步的认识，并在课下进行反复的练习以求达到灵活运用的学习程度，这个过程对于学生的学习兴趣以及自主学习能力的增强和提高都具有非常关键的促进作用。

2. 充分利用课下时间，提升高校学生自主学习意识和能力

在高校羽毛球课堂实践中应用微课教学形式时，教师还应该培养学生充分利用课下时间的能力，提升高校学生的自主学习意识。在羽毛球这一运动项目的学习中，要求学生掌握的知识点和技术要点相对比较复杂多样，如果单纯在课上时间进行学习和练习是很难达到教学培养目标的，这时就需要学生充分利用自己在羽毛球课堂之外的时间，进行独立的学习和练习。微课这一教学形式以碎片化、移动化为主要特征，有助于教师把教学重难点分解，在短时间内完成反复性的学习，如此一来学生就可以在课堂之外的时间里对所学羽毛球技术和知识进行巩固练习，还可以与同学一起进行羽毛球实战，在活动过程中掌握课堂上所学的理论知识，强化自身对所学知识的运用能力，也就是羽毛球实战能力。教师还应该鼓励学生将课下练习中遇到的问题和困难积极进行反馈，教师及时给予解答，为学生提供解决方案。

当前数字化时代下，要在高校羽毛球课程教学过程中充分发挥微课这一创新性教学形式的作用，不仅应该重视教学内容的设计，还应该正确地进行应用和实践，提升高校羽毛球课堂教学效率，从而使高校体育教育教学的整体水平有所增强。

# 第三节　BOPPPS 模式在羽毛球教学训练中的应用

## 一、BOPPPS 教学模式的特点

### （一）坚持以学生为中心

有效的教学模式并不是只有教师在课堂上枯燥乏味地阐述，缺失学生有效参与回应的课堂终究只是完成了课时，学生终将一无所获。因此，BOPPPS 教学模式的核心要求必须是师生共同参与学习来达到教学目标，教师逐渐转变为课堂的指引者，宏观地控制课堂走向，让学生在不改变课堂趋势的情况下大胆地发挥主观能动性。

课堂参与主张师生互动、生生互动，在这种互动中将学生应掌握的知识进行变相的传递，让学生感受到教学是以他们为核心基点的。教学理论深度参照学生基础来设计对应学生能力的教学预设，加强精准匹配，从而使学习效率得到稳定提升，达到学业有成。

BOPPPS 教学模式最大的特点就是学生是课堂上的中心点，主要以学生积极参与到每节课中为总抓手，重在强调以学生为中心。在课堂传授知识上，教师需要采用引起学生感兴趣的方式来不断创新知识传授，充分调动学生的参与度，增强学生参与感。这样不仅促使学生在脑海中产生思考过程，而且使学生对知识的理解更深刻，课堂气氛更加高涨，让学生从外形到内在都能得到很好的锻炼。

### （二）提高教师教学能力

教师需要在课堂开始前进行备学生、备教学设计、备教学目标等各个环节，并且在这一过程中需要不断完善自己的专业素养与教学能力，以便更好地进行教学环节把控。教师也应不断改变课堂知识点的传授方式，为学生学习制造良好条件，源源不断输出动力。

BOPPPS 教学模式的流程与传统教学模式截然不同，颠覆了传统教学模式只进行常规考查的观念。BOPPPS 教学模式每堂课都会进行相应的测试，并且测试内容上教师可以多样化，便于引起学生的注意力，课堂上的互动性也随之而来变得更活跃，并要求教师根据教学进度要求不断转换制定具有针对性的教学方式，梳理好每堂课的教授流程，为了实现这一目的，对教师提出的要求也相比于传统教学模式更加苛刻，这样才能更进一步全面地了解自己班级学生的整体状况，做到动态教学。

BOPPPS教学模式对于教师的教学反思与传统教学模式最大的区别就是教学反思并不是在每节课课后才进行总结与归纳，而是在课堂核心部分练习开始前就可以针对学生表现情况进行反思，具有时效性。诸如学生对于提前发布导入是否感兴趣、是否去认真观摩学习，预设教学目标是否完成等，这些方面都对教师教学随机应变能力的提升都有很大的帮助，从而倒逼教师进行反向思考，推动教学质量的稳步提升。

BOPPPS教学模式能够解决新教师对教案撰写不熟练的问题，不断提升新教师书写教案的熟练度，完善新教师对课堂每一个阶段的时间把控，从而避免出现下课时教学内容还未讲解完毕的现象。采用BOPPPS教学模式，可以更加时效性地控制好课堂时间，并且可以有效地避免教学环节的遗漏。

（三）优化课堂时间分配

BOPPPS教学模式在课堂的时间分配上有一个非常新颖的亮点，它与传统课堂上教师用大部分时间对学生进行知识教授大相径庭。学生的注意力一般只能维持在十到十五分钟左右，BOPPPS教学模式根据这一定律将每一课堂都细分为六个单元，形成一个闭环教学模式。每个环节对时间的要求没有多余富余，在此期间必须严格控制好时间，但也必须根据学生注意力的特点使整节课完整且让学生少产生疲劳感。

根据相关学者研究得出结论，传统教学模式背景下能让学生注意力最集中的两个时间段分别对应的是课堂开始前和课堂快要结束时，在基本部分练习时会出现学生不专心的现象，因为课堂开始前学生想听教师宣布本节课的学习内容是否是自己感兴趣的，离下课时由于学生急于休息并且教师会在离下课前几分钟作出每堂课的效果总结。总而言之，这两个阶段是学生专心程度的高光时刻，但是，教师进入状态的时间却与学生相反，从准备部分开始才渐入佳境投入到课堂中，基本部分是对学生的关注程度最高的。可是，BOPPPS教学模式却可以通过每个环节的紧密衔接，从而达到让学生主要来掌控课堂、教师辅助性地控制课堂，持续性维持学生更加长的精神集中时间。

## 二、BOPPPS 教学模式的理论基础

### （一）建构主义理论

建构主义认为：学生对知识经过自身探索之后会不断地增强学生吸收新知识的能力，并且能够逐渐缩短获取简单知识与困难知识之间的难度。如果知识是由学生主动获取所得到，那么学生就会具有建构知识体系、继续发现新的知识的能力，激发自己主动学习的欲望。

建构主义者认为对于知识观念的不同理解，也会使其对世界的感知、理解以及意义也有所不同，他们脑中对知识和观点的认知程度也并不是一成不变的，而是可以随着他们对知识的深入理解而逐渐地进步，不断进行完善。所以对于学习这件事情，学习新的知识应该是建立在学生原有经验的基础上，经过不同的思维方式发生融合，将知识与理论融会贯通，从而在学习过程中不断类推。

建构主义认为人类学习是自主地将外部环境与已有认知的知识进行整合，再对原有认知进行深加工得出新的知识体系。建构主义学习观提出学习的主体不单单只是考虑教师的自身情况，也应该结合学生自身的特点和学生已有的知识经验。由于学生之间也会有不同的差异性，并且每个学生的思维也有所不同，这就要求教师不能一开始就用统一的方法对学生进行统一化的教学，而是需要根据学生的自身情况进行小测评，从而针对性地进行因材施教，教师在教学过程中是学生学习的奠基者，只有学生的能力不足以攻克自己存在的难题时，才能及时提供必要的帮助来解决学生困惑的难题。

### （二）认知主义理论

认知主义理论中该学派的创始人通过对猩猩进行实验以及长期观察下，提出其中的主要观点：学习并不是简单地进行机体刺激就可以有所收获与进步，而是应当在已有的旧经验上重新获取新的经验过程。对该理论持支持态度的托尔曼也表达了学习是刺激和主动获取的直接联结这一概念的肯定，他认为二者之间还存在着有机体的内部变化、学习者内部大脑也在进行活动的这一环节，把学习某一新知识看作是一种身体机能的全身性的行为。认知主义者还认为，人脑的加工思考是一个人获取知识、接受新事物必不可少的一个环节，从而技能的吸收、知识的接收都依赖大脑进行思维快速转换。

认知主义理论认为学生是知识信息接收的主体，对知识要领进行深加工，而教师是学生构建知识体系的帮助者。传统的教学方式只注重知识的传递过程，忽

视了学生对于知识的接受和对知识的理解，学生在知识的吸收上成为被动的接受者，出现了应付式的现象和学生对于获取学习新知识的欲望不足、学习积极性不高、提不起学习兴趣等诸多问题。对于如何解决这一问题，认知主义者认为应该站在学生的角度去思考，不断改进完善传授知识的方法。

认知主义强调学习者的思维必须根据活动的不断变化而逐渐开拓自己的认知，获取新的知识体系。布鲁纳强调不管是何种教学，一旦涉及教与学的话，那就应该是学习主体自主地去探索，进行知识的深入理解与学习的过程。奥苏贝尔则认为，学习中应该注重的是不断反思的过程，经过自省从而推进新旧知识之间转换，在新旧知识中取其精华去其糟粕。

（三）三元交互决定理论

三元交互决定理论的概念是人的行为产生是事物间经过环境、行为所催生的。教学过程中教师和学生之间必须要进行有效的交流，在交流过程中不仅只是教师和学生之间的行为，还包括课堂环境和课外环境的潜在影响，这三者的作用是相互的。教师在进行备课时还需要考虑环境因素对教学质量方面会产生哪些影响，在设计课堂交流环节时，应该给学生提供轻松的学习交流氛围，才能使学生更好地发挥主观能动性，形成将知识快速地内化于心的认知过程。

班杜拉认为交互是指事物之间是一个统一体，相伴而生，相互作用，人在日常生活中的习惯也是通过以上概念来进行互相之间的约束，环境决定发生什么行为的内在缘由，人和环境交叉决定行为，行为是交互后的产物。所以，只要在传授知识的课堂上，就应该塑造良好的环境激发学生良好的学习行为，从而使学习效果达到最大化、学习效率最大化，在有限的时间快速掌握好知识技能。

（四）对话教学理论

对话教学理论由克林伯格提出，他的观点是只要存在教学就必须存在对话，教学的核心就是师生之间的沟通交流，以促使学生的语言表达能力更加流畅、用语精准。教师也在转变角色，不再是让学生唯命是从，而是双方平等自由、互相接纳，学生通过与教师的交流主动去深入理解知识，教师也通过和学生的沟通从而完善自己的教育方式，使双方共商与共享学习成果，获得知识学习观的整体塑造。师生相互间的对话才是优秀教学的主要标志体现，古代孔子的《论语》就是一种对话式的教学，人们也将对话运用到不同领域来解决一些口语上的矛盾冲突。

对话教学理论追求教育观念的改变，有利于落实我国新课改理念的核心，做到以人为本，对话教学理论所强调的就是教师对学生的关怀，实现学生思想上的解放，强调师生之间相互学习、循序渐进。BOPPPS教学模式注重师生之间的交流，教师通过对话对学生进行引导，并且能够加深学生对知识点的认知程度，使双方达成共识，促进教学效果的时效性。

综上所述，以上四个理论基础都对BOPPPS教学模式进行了很好的架构。如：建构主义理论强调任何课堂知识都需要学生去主动地揣摩、探索，将所有知识进行整合，形成良好的思维体系。如：认知主义理论也是认为无论何种教授方式最主要的核心还是需要接受知识者去深入地研究、理解。如：三元交互决定理论认为决定课堂的三要素是教师、学生、教学环境，教师应该积极营造良好的教学氛围，正像是BOPPPS教学模式每节课教师都会通过不同的导入环节和课堂上的小测试来调动每一位学生的注意力，并且从多个维度促使学习环境氛围融洽、和谐，达到新课改对教学环境的要求。如：对话教学理论认为教学中必不可少的就是沟通交流，应该树立平等的地位让师生进行深入交流，而BOPPPS教学模式在摸底测试上会加入让学生点评的环节，让学生模拟教师角色进行对同学的表现作出简要点评，将课堂回归学生本质，既促进了学生对知识理念的掌握，也达到了师生之间的有效交流。

### 三、BOPPPS教学模式在羽毛球教学训练中的应用

#### （一）BOPPPS教学模式在羽毛球教学训练中的应用优势

1. BOPPPS教学模式有利于提升学生的羽毛球学习兴趣

BOPPPS教学模式对于学习兴趣的培养有明显优势，课堂的新颖度、每堂课不同的导入方式使得学生产生好奇感，满足感更强，激发了学生主动探索的思维，从而对学习羽毛球的兴趣得以不断地提升，当然，传统教学模式也有其优势，对于抓学生的基本动作是有很大帮助的，在选择教学方法上应该两者相互结合、优势互补，这样更加有利于学生对于体育运动技能知识的掌握并且加以拓展运用。

2. BOPPPS教学模式有利于提升学生的羽毛球基本技术水平

无论是传统教学模式还是BOPPPS教学模式都对学生羽毛球基本技术的提升有一定的帮助。BOPPPS教学模式通过预备、目标、展示、参与、评估和总结的步骤，为学生提供了一个系统和全面的学习框架，有利于提高学生羽毛球基本技术水平。这种教学方法注重学生的参与和互动，帮助他们在实践中不断提升自己的技能。

3. BOPPPS教学模式有利于提高学生的合作学习能力

BOPPPS教学模式的应用对学生提高合作学习能力有很大的帮助。运用

BOPPPS 教学模式还有助于提高合作学习能力，通过学生的表现也进一步得出学生对合作学习有了进一步的认知，对分组学习也显示出了较高的兴趣。

4. BOPPPS 教学模式与传统教学模式的差异

在课堂形式上，BOPPPS 教学模式是学生主动探索、与同学之间交流，互相查缺补漏，传统教学模式则是一直以教师按部就班带领学生练习，学生不用去主动思考，一直听从教师的指挥。BOPPPS 教学模式下的学生在课堂气氛、学生情绪、精神状态、提升运动成绩上优于传统教学模式下的学生，但是，传统教学模式下学生技术动作的美观度、标准度优于 BOPPPS 教学模式。所以，应将二者优势合为一体，由此推动教学模式的推陈出新。

### （二）BOPPPS 教学模式在羽毛球教学训练中的应用建议

1. 发扬 BOPPPS 教学模式的特点

BOPPPS 教学模式在大学体育羽毛球选修课中的应用，使学生在陌生环境下想展示自己天性的愿望得到很好的满足，并且在每节课中每个人都有机会成为小组长，增强了学生的荣誉感、成就感，互相配合程度不断加深，教师的能力也得到增强，对新教师把控课堂时间有很好的帮助。因而，应该将 BOPPPS 教学模式的特有优势应用到体育本科乃至其他学科教学中。

2. 发挥 BOPPPS 教学模式的优势

羽毛球技术动作多而且复杂，虽然只进行了五项技术的教授，但是通过一学期的实验后，发现 BOPPPS 教学模式能及时检测学生技术动作的掌握情况，技术动作的学习都是由简单到复杂，一个技术动作为另一个技术动作铺垫，只有对现有学习动作掌握情况的及时把控，才能以点带面更深层次地学习多个技术动作。在今后羽毛球教学中可以将 BOPPPS 教学模式的优点运用于学习羽毛球技术当中。

3. 持续加强 BOPPPS 教学模式的推广

在当下各地教学改革浪潮中，应该将 BOPPPS 教学模式加大宣传推广力度，拓宽宣传渠道，将其运用到地方体育课堂中和其他术科中发挥其独特作用。

4. 提高 BOPPPS 教学模式运用过程中的动作练习强度

在今后使用 BOPPPS 教学模式教学时，在学生主体上应该多加强调对动作规范上的硬性要求，并且提升对动作掌握巩固的练习强度，增加重复性练习频率，从而在提高成绩基础上也使动作更加美观与规范化。

5. 持续统筹培养学生的学习能力

体育课堂结束后，不能只局限于要求学生观看与学习内容相关资源，也应该学习文化科目并在课后布置作业,让学生进行回顾和总结课上学习内容,加深大脑对当天所学知识的记忆,引导学生课后主动继续探究与再学习。

6. 推动教师应用智慧教学

BOPPPS 教学模式也是对教师的一项挑战,当然从另一方面来说也是一种能力的提升。BOPPPS 教学模式需要教师提前准备教学资料,选取与教学内容相关联的素材并且需要具有相对的权威性,有时为了激发学生兴趣也可以自行录制视频。另外,资料的来源广、取材广、多元化,这些都需要教师花费一定精力,也对教师使用信息化教学软件有一定的要求,所以,需要加强教师对于这一方面能力的培养。

## 第四节 线上线下混合式模式在羽毛球教学训练中的应用

"伴随着高校不断进行的教育教学改革,体育专业的教学质量的提高越来越得到重视,并且有很多的教学形式开始在体育专业的课程中运用和推广。混合式教学模式就是在此情况下逐渐在高校体育专业的羽毛球课程中所使用的一种教学手段。"[①] 混合式教学的践行离不开网络化的教学环境,这是实现人机互动的基础。混合式教学实施的目的依然是更好地达成教学目标,只不过在教学过程中强调教与学所有要素的优化组合,这样才能取得最佳效果。各种各样的教学理念、方法、原则都可以在混合式教学中得到应用,学生可以自主地选择适合自己的学习方式,达成学习目标。混合式教学强调教学技术的应用,教学是一个信息与知识传递的过程,传递的效果如何,与教师采取的教学技术密切相关,恰当的技术能够极大地优化教学效果,反之,则对教学起到负面影响,学生的学习质量也不高。所以,教学必须依托恰当的技术。

线上学习与线下学习结合仅仅是混合式教学的表现形式,其内在本质应当渗透在多个维度,如在线学习环境与课堂学习环境的融合、在线教学活动与课堂教学活动的融合、在线教学资源与课堂教学资源的融合,等等。

---

① 李菊花,邓万里.高校体育专业羽毛球课程混合式教学模式创新与实践[J].科技资讯,2021,19(19):134.

综上所述,在线学习与传统课堂学习的整合是混合式教学的主要特点,各种教学理论、方法、资源、媒介等的融合是混合式教学的核心内容,在此基础上,学生充分发挥主体作用,教师则扮演辅助角色,在良好的环境中开展自主学习、协作学习、个性化学习,以实现教学的最终目的。

## 一、混合式教学模式概述

### (一)混合式教学的定位

1. 混合式教学是相互关联的动态系统

教学过程中的各要素本身就息息相关,在混合式教学中更是如此,甚至各要素之间的关系更为密切,它们相互关联、互为影响,共同构成了教学的耦合系统。教师与学生作为教学活动的双方,二者都存在自我组织教与学的意识,只不过在能力上表现得有强有弱。有序化的教学过程离不开师生双方的共同努力,师生有着共同的目标,也站在各自的立场接受着相同的信息,由此,学习过程中产生的问题与障碍便具有了一致性,有序化便得以实现。

2. 混合式教学重在激发学生的学习兴趣

兴趣是最好的教师,也是学生学习最大的动力,混合式教学就非常注重对学生学习兴趣的激发。不论是在教学课件的制作中,还是教学活动的安排中,或者课后作业的布置中,混合式教学都强调融入趣味性元素,将学生的学习兴趣挖掘与调动出来,这样学生才能主动学习。

3. 混合式教学是线上与线下教学的融合

单纯强调在线教学、网络教学的教学方式不能被称为混合式教学,因为混合式教学是在线教学的延伸与传统课堂教学的扩展,更是二者的有机结合体。在线教学与传统课堂教学都存在不可忽视的缺点,即前者容易导致师生互动交流的缺失,学生在遇到问题时无法及时向教师反馈并寻求帮助,教师也无法立刻知晓自己的教学效果;后者则以教师讲授为主,弱化了学生学习的主体地位,阻碍了学生自主学习、合作学习、探究学习的步伐。

在线学习十分考验学生的自控能力与信息处理能力,如果学生沉迷于在线环境,在应当学习的时间玩游戏或者开展其他活动,则会使学习效果大打折扣;倘若学生不具备相应的信息处理能力,就无法完全按照教师的步骤开展学习。至于传统课堂教学,其教学资源过于单一,学生的学习需求得不到满足,掌握的知识也不够全面。可以看出,在线教学与传统课堂教学均存在不足,哪一种教学方式单独使用都无法实现最佳的教学效果，只有将二者结合起来，相互弥补缺点、发挥优点，才是最好的。

混合式教学之所以在教学实践中取得成功，就是因为其将在线教学与传统课堂教学相结合，充分发挥这两种教学方式的优势，这为教师提供了新的教学途径。概而观之，混合式教学模式对学生更为关注，其在肯定教师作用的同时，鼓励学生自主探究学习，让学生主动完成意义的建构，形成更为健全的知识体系。

### （二）混合式教学模式的特点

#### 1. 个性化学习

教学内容虽然具有一定的固定性，但是学生在掌握这些内容时的侧重点却存在差异，这是因为每个学生的学习需求是不同的，他们会采取不同的学习方式、学习方法朝着不同的方向前进。混合式教学以学生为中心，根据学生的需求为他们制订个性化的学习方案。在差异化的教学辅导下，学生收获的学习成果要比传统课堂教学要丰硕得多。当学生某个阶段的学习目标达成之后，也将更有动力开展下一阶段的学习。

为学生制订个性化的学习方案并不意味着教师要事无巨细地照顾每个学生，教师只需要根据学生在网络教学平台上提交的个人学习的薄弱环节，就可以为他们制定出有效的学习方案。对于学生已经掌握得很好的知识点，一带即过；对于学生感到疑问与困惑的知识点，则进行深度讲解。如此一来，学生虽然没有得到教师一对一的辅导，但是却收获了相同的学习体验，获得了相同的学习效果。

#### 2. 监督化学习

混合式教学主张对学生的学习进行监督，目的是更好地掌握学生的学习情况，从而为其提供针对性的教学辅助。所谓新型的监督化学习，主要是依托学生在线学习反馈的数据，对这些数据加以分析，学生的学习情况就能完整地呈现在教师面前。

教师也可以通过多种方式主动了解学生的学习情况，如批改学生的作业、查看学生的学习反馈、统计学生在在线平台的相关讨论等。教师之所以要及时关注学生的学习进展，是因为假如学生尚未掌握现阶段的知识，就进入下一阶段知识的学习中，必然会导致两个阶段学习效果均不佳的后果。所以，教师必须确保学生已经掌握了现阶段的知识，才能依照计划开展接下来的教学。

除了以上获取学生学习情况的方式之外，学习跟踪系统与学生自我评价系统对于教师来说也是十分可行的选择。一方面，教师可以通过学习跟踪系统对学生的学习情况进行统计,如根据学生对教学材料访问的次数推断学生对这部分教学内容的掌握程度,根据查看教学材料的具体用户了解不同学生的学习进度,等等。

学生自我评价系统不仅是针对学生开发的,让学生对自己的学习情况进行评价,而后上传至系统平台,更对教师掌握学生的学习情况大有裨益。教师可以依据学生对自我学习成果的总结与反思,知晓学生学习目标的达成情况,从而对自己的教学行为加以调整。从这个角度来说,学生自我评价系统既让学生对自己的学习表现进行了客观评价,也反映出了教师的教学成效,实现了对教师的监督。

3. 多方向混合式学习

(1)教学理论混合。由于教学活动的复杂性,教育界并不存在所谓的通用教学理论,即一种在任何情况下都能促进教学实践发展的理论。因此,教师应当根据教学的实际情况采用多种不同的教学理论。目前,公认的对教学效果具有积极作用的教学理论包括行为主义教学理论、认知主义教学理论、建构主义教学理论等。在知识的传播与转换方面,行为主义与认知主义教学理论的优势最为明显,其能够极大地促进学生对知识的学习、内化与吸收;在均衡教师的教与学生的学方面,建构主义教学理论则表现得更好,其能够指导教师建构起有利于学习的教学环境,从而推动整体教学目标的实现。不同的教学理论具有不同的特点,它们所表现出的对教学的促进作用也各不相同,这就要求教师在分析教学内容、教学目标、学生学习情况等的基础上,灵活应用各种教学理论,这也是混合式教学所倡导的教学理论的混合,唯有如此,才能最大化地发挥各个教学理论的作用。

(2)教学方式混合。对于混合式教学而言,线上与线下即在线网络教学与传统课堂教学的结合是最表层的含义,这也意味着,只要是混合式教学,就都符合线上与线下混合这一特点。在以往的教学实践中,以互联网、多媒体等为媒介的线上教学与传统的课堂教学存在一道鸿沟,大多数教师仅仅以课堂讲授作为教学的重心,混合式教学则打破了线上与线下教学的界限,使两种看似迥然不同的教学方式融为一体。

其实,不论线上教学还是线下教学,其目标都是高效完成教学活动,让教学成为有效、有意义的事。混合式教学在教学实践中的应用绝不能流于形式,要真正地把教学各要素有机联系起来,如师生、家长、教学资源等,引导学生同时开展线上学习与线下学习,充分发挥互联网、多媒体等对传统课堂教学的促进作用,让学生在良好的氛围中习得知识、掌握技能。

（3）教学资源混合。

第一，教学资源内容的混合。随着社会的发展，单一的技能型人才已经无法满足用人单位的需求，因而，综合性人才培养成为高校的重要任务。学生在学习的过程中，不能仅仅接受某一门学科知识，而是要广泛吸收多学科的内容，在混合式教学资源内容的推动下，形成系统条理且发散的知识体系，从而形成更强的社会竞争力。

第二，教学资源呈现方式的混合。教学资源是学生知识与技能学习的主要来源，在传统的课堂教学中，教学资源通常借助书本这一载体以文字的形式呈现出来。基于混合式教学，越来越多的依托互联网与多媒体的资源呈现方式衍生出来，学生完全可以在学习课本的基础上，借助新型的资源呈现方式加深对知识的理解。知识本身是无处不在的，课本中、黑板上、网络里都能学习到知识，只有将传统的与新型的教学资源呈现方式混合起来，同时发挥二者的作用，才有利于学生对多种教学资源的综合利用。

第三，教学资源整体的优化与整合。在线学习资源与传统的课本中的学习资源融合，使学生获得了庞大的学习资源库，其多种多样的学习需求基本都能得到满足。但与此同时，庞大的学习资源库中也产生了许多低质的内容，如同一知识点的重复讲解、同类知识点的分散讲解等，这样的资源并不利于学生的高效学习，也造成了不小的资源浪费。所以，教学资源必须在混合的基础上实现优化与整合。

## 二、混合式教学模式在羽毛球教学训练中的构建

### （一）混合式教学模式在高校羽毛球教学训练中的构建目的

第一，以线上线下混合式教学模式来替代传统教学模式的羽毛球课堂，可以通过拓展羽毛球教学的相关资源，利用线上和线下相结合的模式为学生提供个性化的学习方法和手段，从而来提升高校羽毛球选修课的教学效果和质量。

第二，线上线下混合式教学模式在实施过程中能够趋于多元化和多项性的发展，可以根据学生的需求来满足学生个体对羽毛球学习的差异性需求，从而真正意义上做到因材施教。

第三，以学生为中心，学生是线上结合线下学习的主体，他们通过课前有计划地学习、课中有根据地提问和练习以及课后有针对性地复习。

### （二）混合式教学模式在高校羽毛球教学训练中的实践应用

1. 课前教学设计

（1）教师的课前准备。

第一，线上部分。教师准备教学资源，课前将线上教学所需要的教学相关材料准备好并上传至教学平台，要求学生根据每一单元的开课进度进行自主学习，完成线上学习的具体要求。

对于线上线下混合式教学来说，课前的自主学习是开展混合式教学模式的关键一步，因此教师要根据教学计划以及学生学习的实际情况来发布课前线上的学习任务，让学生了解本章学习内容的重点和难点，要求学生及时完成课前任务，开展线上学习活动，从而保证教学质量。教学资源的选择可以呈现出多样性，例如图片、文档资料、PPT、语音等。设定学习情况自动生成比例，每单元的教学视频或微课为5～10分钟，讲解该项技术的重难点即可，教师设定观看90%以上的学生为通过。设定主题讨论环节，要求学生对线上学习中存在的问题进行提问，教师及时解答与反馈。

第二，线下部分。①总结。总结部分是与线上教学相连接的一个部分，教师要根据学生在课前线上学习的情况进行总结，对下一步的课中教学制订教学计划，并根据学生总体的学习情况来进行备课以及教学器材、教案等方面的准备；②备课。课前教师的备课要结合实际情况而开展，真正意义上做到以学生为中心。根据羽毛球教学大纲，明确教学目标和教学内容。以羽毛球发球技术为例，发球是羽毛球技术中最为基础的技术，要求学生掌握羽毛球发球技术的握拍方法、基本站姿、发力过程以及击球落点的控制等。教师在课前认真总结和归纳学生在学习发球技术过程中存在击球落点无法有效控制的问题，在备课时要针对这个问题提出可解决的方案，并在课中教学环节进行重点讲解。

（2）学生的课前准备。

第一，线上部分。①完成预习任务。学生在接收到教师所发布的预习任务后，根据碎片化的时间进行自主学习，完成课前的预期任务。例如在羽毛球发球技术的预习中，学生可以通过软件平台对自己的学习情况进行监测与评价，教师也可以通过直观化的数据形式来了解学生的学习情况。②完成视频学习。如在发球技术教学中，学生通过教师所发布的羽毛球发球技术教学视频，根据教师上传的教案、文档等材料进行理论与技能的学习，形成对发球技术的正确认识。

第二，线下部分。①预习技术。通过线上自主学习后，学生应该加强对运动技术的预习，以及与同学、教师展开交流，对存在疑惑或存在问题的动作提示进行探讨，形成探究式学习的模式。②教学互动。课前教学的教学互动主要体现在教师与教学资源、教师与学生、学生与学生之间的互动。教师在课前线上、线下教学中的准备应该具有一定的互动性，首先在教学资料的准备上要根据教学目标的需求而进行，其次要根据教学内容来选取或制作教学视频、图片或教学文档等，再次要在教学平台上上传教学的相关材料，这种对学生多元化的学习传递模式，不仅能够满足混合式教学的理论要求，还能为混合式教学模式的构建奠定基础。教师与学生的教学互动主要体现在线上的无压力沟通，对于一些个性内向的学生来说，学习遇到困难不敢向教师当面请教，而线上沟通的这种形式在极大程度上解决了这一问题。学生与学生的研讨互动，也有助于提高他们的探索精神。

2. 课中教学设计

课中教学是线上、线下教学良好转换的重要过程。与传统羽毛球教学相同，课中阶段主要采用线下授课的形式来对教学内容进行教授，但它是课前自主学习阶段的有效承接，因此教学内容的重难点以及教学组织的形式与传统羽毛球教学有着较大的差别。

（1）教师活动。

第一，线上总结。教师根据学生在课前对线上知识和技能学习的情况进行检验，以便于了解学生的预习情况以及对知识点的掌握情况等。线上对学生存在问题的技术动作和本节课的重难点进行集中讲解，对学生存在的问题进行集中答疑解惑，能够对课中教学活动的开展起到一定的积极作用。

第二，三段式教学。与传统羽毛球教学一样，羽毛球线上线下教学模式在线下阶段同样分为准备、基本和结束三个部分，但具体的区别在于教师会在根据课前学生的学习情况来来制订具体的教学内容，让面对面授课的形式更加直观地解决学生技术学习的重难点。

教师根据重点难点来进行讲解，例如在正手高远球技术教学中，学生对准备、引拍、随挥以及收拍技术都理解得很好，也能根据课前的教学视频完成正确的示范动作，但是大多数学生对于击球手臂的发力动作不能很好地体会，因此在面授课中教师要重点讲解击球一瞬间的发力要点以及击球位置，帮助学生解决实际问题。教师可以将学生难以解决的问题渗透在教学的各环节之间，例如在准备活动中模仿抽鞭子的动作，让学生体会击球手臂的发力方法，或者在教学的结束部分，教师通过学生练习正手击高远球的情况进行总结与反思，针对实际情况给学生布置课后作业和练习内容。

第三，设定教学情境。根据构建主义学习理论，设定教学情境，在羽毛球课堂教学中以小组为单位，创建小组合作式学习的模式进行小组合作练习，培养学生通过自主探讨、合作交流以及主动探索来学习的能力。例如在正手高远球技术的学习中，教师采用小组合作式的模式组织集中练习，以小组为单位展示高远球技术，教师进行有效的指导，组与组之间进行点评与交流，从而有效地发挥学生的主体地位，提高学习效率。

小组练习结束后，教师选取小组长或个别学生进行展示，通过对学生的技能展示进行提问与分析，让学生更加直观、清晰地了解到正确示范动作以及易犯的错误动作。在传统教学课堂中，学生练习以两人为一组，两人通过对打的形式进行集中练习，教师进行指导，学生之间的互动性较差，在这种学习模式下很难有效地将教师的教转化为学生的学。

（2）学生活动。

第一，技能汇报展示。学生的技能汇报情况是对线上自主学习的考核，主要用于教师了解学生的学习情况，在面对面授课过程中着重培养学生的羽毛球技能。

第二，小组合作式学习。课中阶段学生的常规活动与传统羽毛球课堂中学生的常规活动基本一致，但在练习的组织形式上有所不同。传统羽毛球课堂中学生采用分解练习、完整练习的方法，教师针对学生的错误动作进行巡回指导和纠正。在混合式教学活动中，学生根据教师所设计的重点、难点进行自主练习，通过分组的形式进行小组合作式学习，学生与学生之间建立合作意识，及时谈论、相互指错、及时纠错，促使动作技能的吸收和消化，教师进行有针对地指导与帮助，及时了解学生讨论技能的相关内容，帮助学生答疑解惑，从而起到辅助的作用。

第三，教学互动。课中阶段教与学的互动主要体现在小组学生与学生之间的互相交流和探究学习。教师在巡回指导时捕捉学生存在的问题，然后进行启发式教学，帮助学生提升自主解决问题的能力。

3. 课后教学设计

课后阶段是对课前和课中教学的巩固阶段，因此本阶段注重对学生技能和知识的巩固和提升，以及培养提出问题、解决问题的能力。

（1）教师活动。

第一，线上布置课后任务。有效地复习对于巩固羽毛球技能是尤为重要的，因此教师以教学平台发布课后作业任务的方式来进一步提升学生对本节课技能学习的掌握。一般课后任务主要是督促学生的技能练习和对相关理论知识的掌握。①技能练习作业。课后教师根据本节课所教授的内容来布置课后作业。②理论知识作业。课后教师通过教学平台发布学生作业，设计讨论式的作业题目，以小组为单位进行，加强学生对羽毛球理论知识的理解。

第二，评阅作业。在布置课后作业后，教师要求学生在规定时间内提交反馈视频，教师在线上进行查阅与点评，及时指出学生在练习中的不规范动作以及错误动作产生的原因，帮助学生形成运动技术的动作定型。

第三，发布拓展资料。教学平台中含有大量的教学资源，教师可以利用平台中的资源为学生提供大量的视频影像资料和图文等，让学生了解该项技术在羽毛球比赛中的作用，有利于提高学生对该项技能学习的意识，从而满足他们的学习需求。

第四，在线解惑答疑。教师在课后要与学生保持良好的线上沟通，做到及时对学生的疑惑进行解答，帮助学生积极主动地进行思考和探索。还可以利用教学平台的主题讨论功能设定问题，让学生与教师都积极参与其中，使得学习知识和技能的效果呈螺旋式上升。

第五，统计学习数据。教师利用教学平台中的统计模版对学生的学习情况、签到情况、任务完成情况、作业完成情况等数据进行查阅与记录，并将教学平台中的学习数据记录到平时成绩中，作为过程性考核的重要依据。

（2）学生活动。

第一，提交课后作业。课后学生根据教师所发布的课后任务，以小组为单位进行视频录制，并将视频上传至教学平台上，反复观看视频作业，分析自身的错误动作，寻找错误产生的原因，结合教师反馈的意见进行练习和改正，以便于提高学生对正确动作技能的理解和认知，这样能够帮助学生形成正确技术动作定型。

第二，在线讨论。在线讨论是学生在课后练习中提出问题的良好途径，遇到练习过程中难以解决的问题时可以通过交流群提出并进行谈论，也可以通过教师组织的在线讨论进行提问式学习，这个过程能够提升学生提出问题、解决问题的能力，是主动学习与积极思考的过程，从而使得知识和技能得以良好地掌握。

第三，学习拓展资料。根据教师发布的拓展资料，选择适合自身技能学习的具体内容。

（三）混合式教学模式在高校羽毛球教学训练中的开展建议

第一，学校应加快信息化教育教学改革的进程。在体育教学中采用线上线下混合式教学的模式有助于推进信息化教育教学改革的进程，从而满足学生主体对个性化学习的需求。

第二，教师应不断提升信息化教育教学的能力。教师不仅要掌握传统教学的方式方法，还要根据时代的变化不断更新自身的教学能力，提升对线上线下混合式教学模式的教学设计能力。

第三，线上线下混合式教学模式在体育教学中的开展仍处于起步阶段，因此教师应该保证教学设计各个环节的相互衔接，对教学内容、教学组织、教学方式以及教学平台、教学场地设施等多因素的严格把控，形成良好的教学体系。结合传统教学与线上教学的优势，注重学生在教学过程中的发展动态，根据实际情况把握教学内容的灵活性，以此来满足学生个体差异化的实际需求。

第四，线上线下混合式教学模式的开展还应该根据体育选修课的特点、结合教学大纲的要求来进行设计，充分融合线上和线下的资源，让学生进一步理解线上线下教学模式的操作程序。教师在教学设计过程中尽量避免减少学生的课后学习任务，通过碎片化的时间让学生掌握学习内容，因此线上部分的教学设计变得尤为重要。

## 第五节　基于SPOC的翻转课堂模式在羽毛球教学训练中的应用

翻转课堂也可以叫作颠倒课堂、反转课堂。这里所说的"反转"主要是针对传统课堂教学而言的，翻转课堂是人们普遍接受的概念。随着翻转课堂定义的变化与完善，这体现出教育教学研究者对翻转课堂研究的日渐深入。

翻转课堂就是一种教学形态，由教师创作录制教学视频，学生自己在课下观看视频，再在课上与教师进行交流，并完成教师布置的作业。此前，对于翻转课堂的表述大多基于其基本做法，比如学生晚上在家观看教学视频，第二天在教室完成作业，如果有问题就与同学讨论或者向教师求助。这种对翻转课堂的定义，主要是将翻转课堂教学与传统课堂教学相对比，由此突出其特征，帮助人们认识这一教学形式。

翻转课堂是学生利用课前时间借助教师给出的教学资源，包括多媒体课件、视频材料等，自主完成课程的学习，然后再在课中与教师进行互动，一起阐释问题、探究问题，并且完成作业练习的一种教学模式。翻转课堂改变了直接教学的空间，由群体空间转向了个体空间，使群体学习空间变得更具动态性与交互性，从而促进学生在学习过程中充分发挥自身的创造性与主动性,积极参与学科学习。

综上所述,翻转课堂是将原来需要在课堂上完成的知识传授提前到课前,再将原来需要在课后完成的知识内化放到课堂中完成。至于翻转课堂的教学资源、教学信息技术以及具体的教学组织方式等,都不属于翻转课堂的原始要求,它们都是在翻转课堂实践发展的过程中延伸、演化出来的部分,其本质是赋予学生更多的自由,将传授知识的环节放在课前,是为了让学生自由选择适当的、舒适的学习方式;而将内化知识的环节放在课中,是为了让学生更多地、更有效地与教师及其他同学进行交流。

## 一、翻转课堂教学模式在体育教学中的应用要点

### (一)重视学生自主能力的培养

自主学习强调的是学生独立学习和独立思考的能力,它有利于提高学生学习的主动性,有利于学生持续探索知识,更有利于学生的持续发展和终身学习。

翻转课堂作为信息技术迅速发展的产物,它对学生的自主学习能力提出了更高的要求。学生自主学习能力的培养在翻转课堂教学模式的实施中起着不可替代的作用。

自主学习能力的培养应该注意四点:①注重学习动机,抓住影响动机的因素,并对其进行干预,从而不断激活学生的学习动机;②注重学生的元认知发展,采用多种手段发展学生的元认知;③重视学习策略的讲授,提高学生的认知能力,鼓励学生采用不同的认知策略;④注重学生对环境的利用能力及其培养,良好的学习环境有利于学生的学习和能力的提高,因此教师应该注重对学生这一方面能力的培养。

在体育课程教学中,教师首先应该意识到动机在学习中的重要性,并积极采取干预策略激活学生的内在动机,同时注重调动学生学习体育的积极性和主动性;其次,教师应该关注学生学习的策略,并采用不同的方式对其学习的策略进行指导;最后,教师要注重学习方法和技巧的传授,同时鼓励学生对自己进行科学、合理的评价。

具体到翻转课堂的实施中,教师应该注重学生学习体育的主动性,并采取多种方式来调动学生学习的积极性。举例来说,教师可以将学生课前观看视频的时间和次数进行统计,并将统计的结果融入期末成绩考核中;在课堂上通过提问、作业检查等方式来考查学生课前观看视频的情况,并将这一考查结果融入日常的

学习评价中；对没有按时完成课前观看视频任务的学生，教师也需要采取一定的措施，并对这类学生的学习进度进行及时监督。

总之，利用多种方式来促进学生的主动学习，是翻转课堂教学模式实施的关键。因此，教师应该根据学生的实际学习情况及任务完成的情况，选择恰当的策略，从而促进学生的主动学习。

### （二）提高体育教师的能力和素养

教师是教育教学改革的重要保障，无论是体育教学改革还是其他形式的教育教学改革，都离不开教师的积极参与。翻转课堂作为一种新的教学模式，在实施过程中也离不开教师的参与。在翻转课堂教学中，教师扮演着不可替代的角色，例如，课前教学视频的制作、在线体育教育平台的构建、课堂教学氛围的营造及教学组织和管理、课后教学评价以及对学生具体学习情况的评价等都需要教师的积极参与。在翻转课堂影响下，这些教学内容也对教师提出了更高的要求，例如，教师的计算机操作能力、信息化教学能力、信息资源整合能力、教学组织能力、教学互动能力、教学评价能力等。要想在体育教学中有效实施翻转课堂教学模式，首先应该意识到体育教师在体育教学中扮演的重要角色，其次从多个方面提高体育教师的综合能力。

由于体育翻转课堂教学模式涉及的内容、范围更为广泛，涉及的工作也更为复杂，再加上每个体育教师的时间、精力等都是有限的。所以，除了提高体育教师的综合能力以外，还应该注重翻转课堂团队建设。随着教育教学改革的不断推进，教育教学改革也逐渐从精品课程建设向教学团队建设方面转移。基于翻转课堂的教学团队建设，是翻转课堂在体育教学中实施的重要保障，它有利于缓解体育教师的压力，有利于培养体育教师的合作精神，同时，还有利于体育教师在教学团队中不断学习、不断吸收他人的经验，不断弥补自己的不足，从而能够在很大程度上提高体育教学的质量，促进体育教学目标的实现。

### （三）重视体育教学的安全防范

体育教学是一种特殊的教学项目，它有着其他教学项目不具备的特点，如融合体力与智力，需要运动者的身体参与，不同的运动者承载的运动负荷也存在着差异等。同时，不同的体育项目也体现出了不同的特点。无论是哪一种体育项目，都存在着运动的风险，体育运动中的安全防范是降低或避免运动风险的关键，因此体育教学应该重视安全防范。

与传统体育教学模式相比，体育翻转课堂教学模式注重学生的课前学习。学生通常会在课前对教师事先制作的教学视频进行观看和学习。在这一过程中，学生可以从中理解体育项目中的各种动作，并根据视频中的规范动作进行模仿练习，这样能够为课中教学做好充分的准备。然而，这种课前观看教学视频的过程，是学生自主学习的过程，在这一过程中，教师并不参与其中，学生在模仿和训练动作时由于缺乏教师的监督和指导，出现运动损伤的情况也随之提高。针对这种情况，教师应该根据课前教学视频的内容做好安全防范工作。

具体而言，教师应该提高安全防范意识，明确哪种体育内容存在着运动损伤风险，并在教学视频中特别说明。同时，教师还应该关注学生对于安全运动损伤风险的识别，提高学生的安全防范意识。

除此之外，教师还应该充分利用翻转课堂平台，在教学视频或在师生互相交流的过程中对运动损伤风险进行分类，并给出相应的预防措施。

### （四）优化高校信息化教学环境

随着网络技术、多媒体技术等信息技术的不断发展，教育信息化已成为教育改革的必然趋势，教育信息化改革在很大程度上促进了教育教学的现代化发展。高等院校在教育教学现代化建设中，十分注重教育信息化的融入。如何充分利用信息技术，如何将教育信息化与教育教学现代化有效融合，是当今教育教学改革的重要内容，也是教育改革中教育者研究的重要方向。

翻转课堂作为一种新的教学模式，注重多媒体技术、信息网络技术的利用，注重在线教育、教育技术的融入，这是翻转课堂教学模式与传统教学模式的主要区别。由此可见，翻转课堂教学模式的有效实施离不开信息化教学环境的支持。要想有效实施翻转课堂教学模式，就应该不断完善信息化教学环境。尤其是在当今的信息化时代，以翻转课堂教学模式为典型代表的信息化教学日益受到重视，作为影响信息化教学的重要因素，信息化教学环境也日益受到重视，只有不断完善信息化教学环境，才能在一定程度上保证信息化教学模式的顺利实施。

### （五）加强在高校公共体育教学中的实践

目前，高校公共体育教学日益受到重视，将翻转课堂与高校公共体育教学相结合，将有利于实现高校公共体育教学的信息化，有利于促进高校公共体育教学的持续发展和改革创新。因此，探索和研究高校公共体育翻转课堂教学理论与实践，对高校公共体育教学理论研究和实践发展都具有不可忽视的意义。

高校公共体育翻转课堂教学理论和实践研究是一个十分复杂的过程，并不是朝夕之间就能完成的。为了更深入地研究高校公共体育翻转课堂教学理论与实践，体育教育工作者应该更新教育教学观念，意识到翻转课堂在高校公共体育教学中的重要性，并从多个维度研究高校公共体育翻转课堂教学理论，不断吸收前人的最新研究成果和实践经验。同时，体育教育工作者还应该根据体育教学改革的要求，不断提高自己的能力和水平，不断在公共体育教学中研究和探索，加强翻转课堂在公共体育教学中的理论与实践研究，真正实现翻转课堂与公共体育教学理论与实践的有效融合。

### （六）避免翻转课堂的异化

翻转课堂教学模式在教学理念、教学目标、教学方式、教学结构、教学策略等方面都与传统教学模式存在着较大的差异。因此，教师应该意识到翻转课堂在体育教学中的重要性，根据学生的实际学习情况和学生的身心特点，结合教学的具体目标和体育学科的特点，科学地将翻转课堂融入体育教学实践中，从而真正提高体育教学的效果，避免翻转课堂在体育教学中的异化现象。

## 二、翻转课堂教学模式在羽毛球教学训练中的应用

### （一）翻转课堂教学模式应用的影响

1. 翻转课堂教学模式有助于提高学生的羽毛球基本技术

在翻转课堂中，学生可以通过观看教学视频、阅读教材或参与在线讨论等方式在课前学习相关的羽毛球基本技术。这样的预习活动让学生在课堂上拥有更多的时间来进行实践和交流，而不仅仅是被动地听讲。

课堂上，教师可以组织学生参与各种实践活动，如技术演示、技术对练、小组讨论等。学生通过实践和互动，可以在教师的指导下不断练习和改进自己的技术。教师可以提供实时的反馈和指导，帮助学生纠正错误和加强技术技能。

2. 翻转课堂教学模式有助于增强学生的合作学习能力

在翻转课堂中，教师将教学内容转移到了课堂外，例如通过在线视频或课件等形式提供学习资源，学生在课前可以自主学习这些材料，掌握基础知识和技能。这种学习方式为学生提供了更多的自主学习时间和灵活性。

而在课堂上，教师可以引导学生进行合作学习活动。课堂中的合作学习可以包括小组活动、团体项目或对抗性游戏等形式。通过与同伴互动、合作解决问题或共同完成任务，学生能够发展出良好的团队合作能力和沟通技巧。

翻转课堂还可以为学生提供更多的互动和实践机会。在课堂上，学生可以运用之前自主学习的知识和技能，积极参与教学活动，让他们有机会与同伴进行实

际操作和互动，共同探索羽毛球技能和战术的应用。

3. 翻转课堂教学模式有利于培养学生的自主学习能力

在传统的课堂教学中，教师通常扮演着知识传授者的角色，而学生则被动地接受知识。然而，翻转课堂教学模式颠覆了这种传统，通过提前录制教学视频或提供相关学习资源，让学生在课前自主学习。在课堂上，教师可以充当指导者和辅导者的角色，与学生进行互动和讨论，解答他们的问题，促进深入思考。

对于羽毛球学习而言，翻转课堂教学模式有着多重好处。学生在课前自主学习可以让他们在自己的节奏和兴趣下掌握羽毛球基础知识和技能。他们可以根据个人需求，反复观看教学视频或阅读相关材料，理解羽毛球动作的要领和规则。翻转课堂模式鼓励学生在课堂上积极参与和实践，由于学生已经掌握了基础知识，课堂时间可以更充分地用于实践、讨论和反馈。学生可以在教师的指导下进行练习，互相交流和合作，共同解决问题，提高技能水平。

此外，翻转课堂教学模式培养了学生的自主学习能力和批判性思维。他们不再仅仅依赖教师的传授，而是主动探索和发现知识，提出问题并寻找答案。这种主动学习的过程激发了学生的好奇心和求知欲，培养了他们的自主学习能力，让他们成为更有动力和能力探索知识的学习者。

综上所述，翻转课堂教学模式相对于传统教学模式在高校羽毛球教学效果上具有一定优势，可以提倡应用。但是，这并不意味着翻转课堂可以取代传统课堂，传统课堂也具有其自身的优点。在选择其教学方法时应根据教学目的、教学内容、学生情况等进行综合性考虑，或者两者一起相互融合可能效果会更好，更有利于为体育教学服务。

（二）翻转课堂教学模式应用的建议

1. 将翻转课堂在高校公共体育教学中进行推广

翻转课堂教学模式在学生羽毛球技能、合作学习能力、自主学习能力方面的教学效果均优于传统教学模式。但目前翻转课堂教学模式在体育领域运用较少，特别是在体育术科教学的应用中比较少见。因而，应该加强高校教师队伍的教学改革提升，推广翻转课堂教学模式。

2. 加大羽毛球教学训练过程中学生身体素质的练习负荷

在羽毛球教学训练过程中通过加大学生身体素质的练习负荷，可以提高学生的身体素质水平，增强其对体育学习的兴趣和投入度。同时，适当的负荷训练也能够促进学生的身体健康和全面发展。

3. 加强对学生自主学习的监控与培养

应用翻转课堂教学模式最重要的是课前与课中环节，而课前主要是教师发布学习视频资料等，此时最重要的就是学生能按教师要求严格完成教学内容的自主学习，在学习过程中有无法保证所有学生都能按时按量地完成，所以在进行翻转课堂教学时可以通过一些方法来培养及监控学生自主学习。

4. 培养和提升体育教师的信息化教学能力

翻转课堂教学模式也是对体育教师的一项挑战，翻转课堂教学的课前资料等需要教师选取加工或自制录课，需要花费体育教师很大的精力，且在制作与加工过程中，需要体育教师具备一定的信息化教学软件应用的功底，所以发展推广翻转课堂的前提需要培养体育教师的信息化教学能力。

# 参考文献

[1] 白鲲，曹烨程. 基于科学理论向的高校运动教学训练创新方法研究 [J]. 食品研究与开发，2021，42（06）：242.

[2] 陈传涀，周威. 大学羽毛球"慕课+翻转课堂"教学模式的构建与应用 [J]. 体育学刊，2017，24（5）：98-101.

[3] 陈文汉，刘艳艳，吴晗. 竞技羽毛球运动比赛中比分对战术安排的影响研究 [J]. 品牌，2015（04）：258.

[4] 陈勇胜. 羽毛球运动员的训练监控 [J]. 福建体育科技，2012，31（5）：29-30.

[5] 陈治. 现代羽毛球技术教学与训练 [M]. 郑州：河南大学出版社，2014.

[6] 付楠，胡秀丽. 论现代竞技羽毛球运动中双打的进攻战术 [J]. 思想战线，2013，39（S2）：399-400.

[7] 富小刚. 高校羽毛球"慕课+翻转课堂"教学模式的构建研究 [J]. 当代体育科技，2022，12（21）：63-65.

[8] 郝策. 科学技术在羽毛球训练中的应用研究 [J]. 科技资讯，2022，20（14）：220-222.

[9] 郝龙，刘静宏，扈中涛. 多球训练法在高校羽毛球专项教学中的应用研究 [J]. 当代体育科技，2021，11（19）：46-48.

[10] 华先玮，荆雯. 羽毛球运动损伤及预防措施研究 [J]. 当代体育科技，2022，12（16）：195-198.

[11] 黄强. 羽毛球运动的美学特征研究 [J]. 艺术科技，2021，34（2）：179-180.

[12] 黄毅. 羽毛球运动训练中的多球训练技巧探析 [J]. 文体用品与科技，2022，21（21）：70-72.

[13] 姜琳. 羽毛球的落点控制技术训练研究 [J]. 当代体育科技，2021，11（16）：

48–50.

[14] 蒋欣初. 浅谈青少年羽毛球运动的战术与打法 [J]. 职业时空，2011，7（05）：138–139.

[15] 李菊花，邓万里. 高校体育专业羽毛球课程混合式教学模式创新与实践 [J]. 科技资讯，2021，19（19）：132–134.

[16] 李军. 羽毛球运动员专项素质训练 [J]. 当代体育科技，2023，13（02）：54–57.

[17] 李俊杰. 羽毛球运动训练中运动损伤的预防 [J]. 文体用品与科技，2022，9（9）：28–30.

[18] 梁佳麒. 羽毛球运动健身价值的分析 [J]. 文体用品与科技，2021（4）：13–14.

[19] 刘璇. 浅谈大众羽毛球运动损伤 [J]. 科技信息，2012（4）：289–290.

[20] 毛雨生，汪永利. 羽毛球运动员的髌腱腱围炎 [J]. 中国运动医学杂志，2000，19（2）：217–218.

[21] 孟卫东. 浅析羽毛球教学训练中双打意识的培养 [J]. 才智，2014（31）：90.

[22] 任文. 高校羽毛球训练机能监控系统构建 [J]. 电子测试，2014（18）：66–67，62.

[23] 任逸依. 高校羽毛球训练面临的问题及对策分析 [J]. 产业与科技论坛，2022，21（20）：243–244.

[24] 戎华. 羽毛球战术意识的培养方法与措施 [J]. 西安文理学院学报（自然科学版），2015，18（01）：118–121.

[25] 宋旭峰. 羽毛球运动训练中运动员战术意识的培养研究 [J]. 当代体育科技，2020，10（18）：33+37.

[26] 童欣. 大学羽毛球"慕课＋翻转课堂"教学模式的构建及实践应用浅析 [J]. 当代体育科技，2018，8（29）：137–138.

[27] 王嘉. 羽毛球运动战术意识培养研究 [J]. 当代体育科技，2017，7（11）：49+51.

[28] 王磊，葛盼盼. 羽毛球运动的体能训练特点及方法研究 [J]. 盐城工学院学报（社会科学版），2021，34（02）：91–94.

[29] 王卓. 数字化时代下微课在高校羽毛球教学中的应用策略研究 [J]. 科学咨

询，2021（10）：292-293.

[30] 魏勇, 刘宇, 傅维杰. 羽毛球运动步法分类及使用频率 [J]. 上海体育学院学报，2008，32（5）：54-56，60.

[31] 吴美霖. 羽毛球杀球技术对不同运动项目学习效果的影响研究 [J]. 吉林省教育学院学报，2022，38（03）：141-145.

[32] 颜开, 朱健文. 浅析高水平羽毛球运动训练与教学研究 [J]. 教育教学论坛，2018（37）：190-191.

[33] 杨兆昌. 羽毛球运动常见运动损伤的原因及预防 [J]. 当代体育科技，2022，12（03）：18-22.

[34] 于洁, 陈艳, 苗景鹏, 等. 羽毛球运动致眼外伤的运动损伤特点及预防对策探讨 [J]. 中国运动医学杂志，2018，37（6）：515-518.

[35] 战红. 浅谈羽毛球运动的速度 [J]. 沈阳体育学院学报，2003（3）：104-106.

[36] 张景丽. 论青少年羽毛球运动中的体能训练 [J]. 田径，2021（05）：34-36.

[37] 张望. 羽毛球运动的利与弊的探讨 [J]. 科技风，2014（22）：113-113.

[38] 张誉飘. 针对现代竞技羽毛球运动双打进攻战术的分析 [J]. 当代体育科技，2017，7（15）：221+223.

[39] 赵永兴. 浅谈羽毛球运动与健康 [J]. 拳击与格斗，2020（2）：104.

[40] 赵哲, 金育强, 常娟. 核心区力量训练对提高大学生羽毛球运动员竞技能力的研究 [J]. 广州体育学院学报，2017，37（3）：81-83.

[41] 周永华, 王欣. 高校羽毛球运动的发展现状与对策探讨 [J]. 当代体育科技，2018，8（29）：131-132.

[42] 邹海韵, 唐勇. 羽毛球运动员合理膳食分析 [J]. 中国食品，2022（16）：155-157.